中职生安全教育

主　审　刘　强

主　编　王　彬　蹇华亭　汪姗姗

西南交通大学出版社
·成　都·

图书在版编目（CIP）数据

中职生安全教育 / 王彬，蹇华亭，汪姗姗主编. —
成都：西南交通大学出版社，2018.9（2019.8 重印）
ISBN 978-7-5643-6420-5

Ⅰ. ①中… Ⅱ. ①王… ②蹇… ③汪… Ⅲ. ①安全教育－中等专业学校－教材 Ⅳ. ①G634.201

中国版本图书馆 CIP 数据核字（2018）第 210689 号

中职生安全教育

主编　王彬　蹇华亭　汪姗姗

责任编辑　罗小红
封面设计　严春艳

出版发行　西南交通大学出版社
（四川省成都市二环路北一段 111 号
西南交通大学创新大厦 21 楼）
邮政编码　610031
发行部电话　028-87600564　028-87600533
官网　http://www.xnjdcbs.com
印刷　四川煤田地质制图印刷厂

成品尺寸　185 mm × 260 mm
印张　8.75
字数　185 千
版次　2018 年 9 月第 1 版
印次　2019 年 8 月第 2 次
定价　29.80 元
书号　ISBN 978-7-5643-6420-5

《中职生安全教育》编写委员会

策　划　崇州市职业教育培训中心

主　审　刘　强

主　编　王　彬　蹇华亭　汪姗姗

副主编　胡　科　袁晓玲　王　伦　张宏瞰　程　颖（美术）

参　编　王基强　胡永涛　张　艳　吴晓静　邵秀祥

吴洪英　董玉梅　刘　翔　刘杉杉　周洪楣

易丽蓉　谢文超　蔡　勇　张思思　余晓玲

前言

安全是个体生存发展的基本需求，是建设平安校园的必要条件，是社会和谐稳定的坚实基础。职业学校做好安全教育工作是全面贯彻落实《国家中长期教育改革和发展规划纲要（2010—2020年）》的重要组成部分，是全面实施素质教育的重要内容，是培养学生良好职业素养和职业能力的重要环节。为了体现学校对新时期安全教育工作的高度重视，增强教师对安全教育工作的责任感和使命感，推动全面树立安全意识、掌握安全知识、增强安全技能，特编写此安全教育读本。全书依据国务院及相关部门颁布的相关安全法律法规和全国职教工作精神，紧密结合中等职业学校实际，针对中职学生特点，本着“够用、适用”的原则，通过查阅并参考大量安全教育相关资料，广泛吸取兄弟学校、行业企业等的意见和建议编写而成。

本书全面系统地介绍了职业学校安全教育相关内容。全书共分为八个单元，包含入学教育篇、意外伤害篇、社会安全篇、公共卫生篇、网络信息篇、实习实训篇、心理健康篇、防灾减灾篇。全书编写体现了以下特点。

（1）体系完整，结构合理，内容编写循序渐进，符合学生认知规律，有助于提高学生学习兴趣，充分体现了职业教育特性。

（2）理论知识与实际案例相结合，且附有知识链接，信息量丰富，可读性和实践性较强。

（3）内容深度适宜，语言通俗易懂，图文并茂，实用性和针对性较强。

本书校本特色突出，紧贴生活实际，既可作为中等职业学校安全教育用书，也可作为生活用书。

本书在编写过程中，得到了西南交通大学出版社、各兄弟学校和行业企业、编者所在学校领导及同仁们的大力支持和帮助，他们对书中内容提出了宝贵的意见，在此一并表示衷心的感谢！

由于时间仓促，编者水平有限，书中不足或错误之处在所难免，敬请读者批评和指正，谢谢！

编　者

2018年8月

目录

第一单元

入学教育篇

第一课　励志起航

一、我的未来不是梦

十五六岁的我们，经历中考的失败。然而，一切已成过去，只要把握现在，只要在挫折中奋进，经过不懈努力，相信我们会让梦想成为现实，让失望转变为希望，我们一定能获取成功。

2015 级学前教育（二）陈晓梅　绘

【中国梦践行者】曾正超：烈焰银花　舞出锦绣年华

曾正超，1995 年 12 月出生于四川省米易县的一个偏远山区，初中毕业后选择了就读职业学校。尽管不能考大学，但是曾正超明白，人虽穷，但志不能短，未来需要靠自己创造。

进入职业学校，曾正超选择学习机电一体化技术专业。在技能训练中，他不怕苦、不怕累，即使气温高于 30 摄氏度，他也依然把工作服裹在身上。手臂上隐约可以看见几十个蚕虫大小的烫疤，有的地方伤痕都已经连成片。这些疤痕，都是焊花飞溅、烫穿衣袖留下的。有一次他因专注于手中活计，忽略了上千摄氏度的铁水正滚落下来。突然，他的胸口传来一阵钻心的痛，胸口的衣服正燃烧起来……虽然市场上有一种阻燃的衣服可以保护身体，但是曾正超勤俭节约，舍不得去购买四五百元一套的工装。

他的勤学苦练使他迅速成为焊接领域的高技能人才。2014 年 4 月，他获得第 43 届世界技能大赛焊接项目四川省选拔赛一等奖；6 月，荣获全国选拔赛第一名；2015 年 8 月，问鼎世界冠军，为中国参加世界技能大赛实现了金牌零的突破。

曾正超曾获四川省劳动模范、第 20 届“中国青年五四奖章”、中央企业青年先锋、全国技术能手、全国青年岗位能手、全国冶金建设行业高级技能专家等称号。2018 年 5 月，他又被评为“全国向上向善好青年”，现享受国务院政府特殊津贴。

如今，曾正超已经获得高级技师职业资格，成为中冶集团首席技师，并作为第 44 届世界技能大赛助理教练，与前辈们一起指导学员进行备战训练。

“荣誉已成过去，作为一名技术工人，我要认真钻研、磨炼自己的技能，发扬不怕苦、不怕难的精神，让青春与焊花为伴！”曾正超如是说。

曾正超的故事告诉我们：只要相信自己，刻苦努力，“我的未来不是梦”。

二、天生我材必有用

2015 级学前教育（三）卢婧艾　绘

新时代的中国，新型工业化、信息化、城镇化、农业现代化迅速发展，需要大批高素质技能型人才。同时，国家大力推进职业教育，我们要把握机遇，努力学习，提升自身能力，把自己培养成为当今社会所需要的人才。

能力是指人顺利完成某种活动所具备的稳定的个性心理特征。能力是在实践中发展提升的，离开了具体实践既不能表现人的能力，也不能发展人的能力。

人具有多元化的智能，每个人的才能各有特色，各具优势，我们不能只以分数论成败，不能因他人的某些智能优势而看轻自己。“天生我材必有用”，这其中包含的不是悲观失望，而是对自我价值的充分肯定。

人人都是独特的，都有自己存在的价值。在面对挫折时，我们不要对自己失去信心，要永远怀着自信坚强地走下去，相信自己的才能，努力提升自己，发挥自己的优势。

三、一技之长助成长

拥有一技之长，才能在社会上立足。在职场上，人人都需要掌握一门技能，这是一条迅速成长之路。一个人或许所知甚多，所学甚富，但仍需要具备专门的技能。有哪家公司不愿意聘到一流的专门人才呢?要想在就业中获得一个好的职位，那就尽快使自己成为某一方面的人才吧！一无所长，是可怕而脆弱的，经不起一点风浪，很快就会被淘汰。

因此，我们要不断加强职业道德修养，不断学习业务技巧，提高职业技能，掌握职业生活技巧，让自己处于不败之地。职场如战场，在战场上，狭路相逢勇者胜。在市场上，竞争激烈能者赢。

我校 2015 级旅游专业学生李欣宇，在校期间努力学习、苦练技能，现于杭州萧山国际机场工作

我校 2015 级学前教育专业的同学们，勤奋努力，快乐工作。这是她们在崇州市绿色实验幼儿园任教的合影

从上图可知，中职学生只要努力学习文化知识，刻苦训练职业技能，树立自己的人生目标，并为之而努力，就一定可以到达成功的彼岸。

四、能力提升需用功

纵观历史，那些事业有成的人士有谁不是充分肯定自己的才能，并将它发挥得淋漓尽致呢？每个人都是无法取代的，所以我们有理由从外表、兴趣、性格、能力等方面全面地了解自己，正确评价自己，肯定自己。但才能并不是能轻易地显现出来的，它需要我们充分地挖掘。

面对中考的失败，有的同学会怀疑自己的能力，这时更不应该气馁，而是要解剖自己，总结自己，更加全面地了解自己，勤奋学习，不断地参与实践，培养坚忍不拔的意志力，树立自信心，在学习、实践中找到适合自己的位置，要相信大千世界一定有自己的用武之地。

【知识链接】

人的九种能力：（看看自己哪种能力强，哪种能力弱，试着从强到弱排序）

（1）一般学习能力。

（2）语言能力。

（3）算数能力。

（4）空间判断能力。

（5）形态知觉能力。

（6）文秘能力。

（7）眼手协调能力。

（8）手指灵活能力。

（9）手的灵巧能力。

五、职教成就大学梦

【中职生升学政策】

2014 年 6 月国务院发布《国务院关于加快发展现代职业教育的决定》(国发〔2014〕19 号)，其中提到适度提高专科高等职业院校招收中等职业学校毕业生的比例、本科高等学校招收职业院校毕业生的比例。到 2020 年，要达到中职高职有机衔接、职业教育与普通教育互通。这一决定把发展职业教育提到了一个崭新的高度，给优秀中职学生开辟了一条学历的上升之路，具有重要的现实意义。

我校考入四川理工学院的部分学生

我校考入重点大学——四川农业大学的部分学生

【知识链接】四川省中职学生升学主要途径

全日制高等教育

一、对口高职考试

全省统一的对口高职考试，合格后录取进入全日制本科、专科学校学习，毕业后获取全日制本科、专科文凭。

（1）升学层次：对口职教师资本科，对口高职专科。

（2）考试形式：对口高职全省统考。

（3）考试科目：语文（150分）、数学（150分）、外语（100分）、专业综合（350分）。

二、高职单招考试

高职单招考试指高等院校在普通高考前单独组织命题、考试，招收中等职业学校学生、普通高中生，列入国家统招计划。

注：有升学意愿的学生在第三学年参加学校的升学班学习，参加全省统一的对口高职考试或高职单招考试。

三、五年制高职

五年制高职指应届初中毕业生经省招办统一录取，五年后颁发全日制大学专科毕业证书。

注：历年录取中考分数大约350分。

成人高等教育

一、成人高考

成人高等学校招生全国统一考试，简称“3+2”学制，属于国民教育系列，列入国家招生计划，参加全国招生统一考试，四川省统一组织录取。

特点：考试相对于对口高职要容易一些。总分为450分，参照历年录取分数，上线分数约为150分。

注：中职学生取得中专毕业证后均可报名参考。

二、高等教育自学考试

1. 普通高教自考（俗称“大自考”）

高教自考文凭与普通高校同类毕业文凭相当，其毕业证加盖全国考委认定的主考学校章和省自考委章。全国通行，出国有效。

2. 应用型高教自考（俗称“小自考”）

大自考与小自考都是自学考试，毕业文凭证书完全一样，国家承认学历。不同之处在于大自考是完全自学，小自考有一定的助学辅导。

六、职教成就大学梦

2018年我校共有304名学生参加对口高考和单招考试，经过全校师生的共同努力，一次性上线293人，上线率为96.38%，全部进入全日制高等院校深造。

第二课　校园生活

一、走进校园

很多同学会有这样的感叹：开学没几天，总是感觉自己很疲惫,生活像脱节一般，十分困惑，心里总有一些莫名的滋味。每当进入新学校，面对新的环境，有些同学总是感觉无法适应现在的学习和生活，时常感到一切都很陌生，认为自己很难在新的环境中自主地学习和生活。

遇到这些问题的同学并不少见，特别是一年级的新生，很久都不能融入其中。有的总是沉湎于过去，有的不善于沟通，有的缺失进取心……大多数新生没有感受到升入职校的快乐。其实，这就是没有很好适应新环境的表现。

新的学校

【案例引入】

李某，男，15岁，某中等职业学校2017级新生，独生子，学习成绩中等。中考的原计划是选择普通高中，但由于发挥失常，被迫选择职业学校。他总是认为学校校风差，学习氛围不佳，老师上课好像在糊弄人，和同学相处也不融洽，因而心情郁闷，做什么都没有兴趣，不想学习。

【案例解析】

李某是因适应不良导致的心理问题。我们进入新的学校、新的环境，面对新的学习生活，或多或少会有些身心上的不适，严重的会出现情绪低落、兴趣减退、人际交往不适、焦虑烦躁等常见的心理问题。

（1）年龄原因：15岁，正处于青春期，自我意识出现变化，常常显得很自恋，但同时又放大自己的缺陷，因而沮丧。各方面仍然不完善、不成熟，未形成稳定的个性，未建立真正的友谊，思维不够严谨，是一个充满矛盾的阶段。

（2）社会原因：中考失利，理想的学校没考上，进入中职，心理落差大；第一次住集体宿舍，不适应人际关系；将同龄人之间的交往与认可看得极为重要，很关注来自异性的评价。

（3）心理原因：存在明显的认知错误，认为“我只要努力成绩就应该好”“读职校没前途”等；缺乏有效地解决问题的行为模式；性格内向，敏感，追求完美。

【应对方法】

（1）调整错误的认知观念。

（2）重建合理信念，正确定位自我，反思自身在人际交往中的观念和技能。

（3）求助心理辅导，促进身心健康发展。

生活是不公平的，你要去适应它。
——比尔·盖茨

不采取新方法的人，肯定遇到新困难。
——培根

既然不能驾驭外界，我就驾驭自己；如果外界不适应我，那么我就去适应他们。
——蒙田

让轻风带走过去的阴云，过去的都已成为过去，现在一切都是新的，我们所有人都站在同一起跑线上，谁能领先，关键在于当下谁跑得快、谁能坚持到最后。人生就像是在进行一场马拉松比赛而不是百米赛跑，谁能坚持到最后，谁才能抵达终点。

【我们应该】

用热情去拥抱现实

学校并不是我们成才的决定因素，关键在于自己，学会发现自己的长处并发扬它，调整自己的心态，热爱生活。

理解、适应永恒的变化

积极主动地去发现身边的新事物，熟悉环境，融入校园生活，多向学姐、学长请教、沟通。

融入新集体，找到新朋友

主动与新老师、新同学接触，打开自己的心扉让自己走出去。每位同学都害怕孤单和寂寞，都希望能相互了解和帮助，所以我们更应该主动地与其他人交往，让自己更快地适应新的环境、新的氛围。

找到适合自己的学习方法

很多同学刚刚来到职校，容易丧失自己的人生目标，迷失方向。你可以借鉴别人的学习方法并结合自己的实际情况，探索出适合自己的方法。

学会照顾好自己

按照学校的作息时间表合理安排自己的时间，让自己每天都焕发着青春的朝气，处于忙碌的状态，给别人留下良好的印象，让别人愿意和你交往。

请相信，经过主动适应，炫丽多彩的校园生活等着你，美好的未来属于你。

二、融入校园

我的学校，我的家

我的新学校——崇州市职业教育培训中心、成都市技师学院（成都工贸职业技术学院）南校区，是崇州市唯一一所公办国家级重点中等职业学校，由崇州市人民政府直属、成都市技师学院（成都工贸职业技术学院）托管。

我校既能升学，又可就业、创业，培养了大批的技能型人才，赢得学生、家长及社会各界人士的充分肯定。

我校近年来被评为四川省内务管理示范学校、成都市校风示范校、成都市示范技工院校、成都市文明单位标兵、成都市中小学心理健康特色学校。校园环境优美，学习氛围浓厚，是理想的学习场所。

大家为就读崇州市职教中心而感到骄傲。

学校操场

校园一角

我的专业，我选择

学校师资力量雄厚，开设了电子应用技术、电气自动化、工业机器人、汽车维修、数控技术、计算机应用、多媒体制作、机械加工、建筑施工、电子商务、学前教育、旅游服务与管理、室内设计等专业，专业设备先进，设施齐全。同学们可以根据自己的兴趣爱好，选择自己喜欢的专业。

电子应用技术专业

工业机器人专业

计算机专业

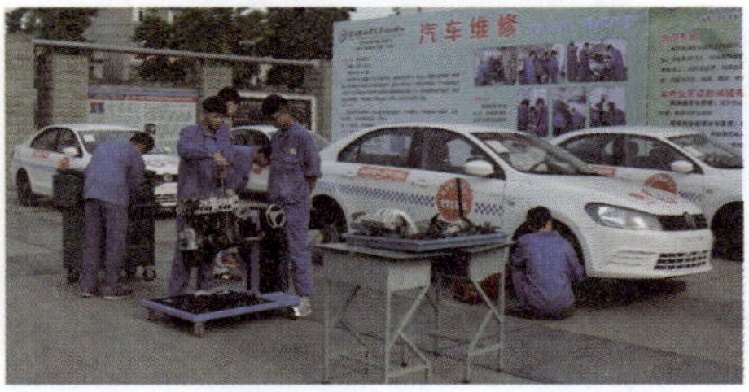

汽车维修专业

旅游服务与管理专业

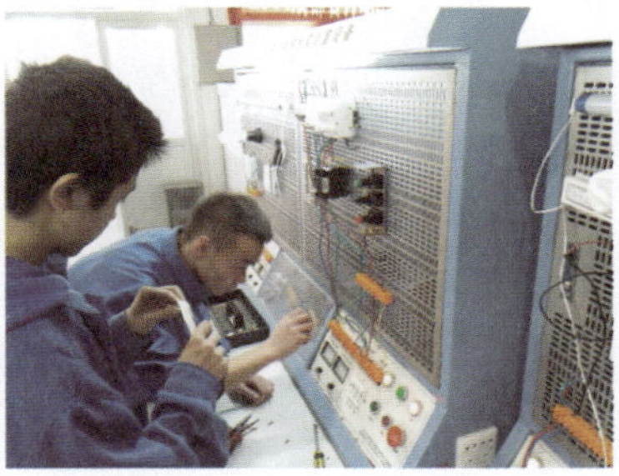

电气自动化专业

多媒体制作专业

机械加工技术专业

学前教育专业

数控技术专业

建筑施工专业

电子商务专业

室内设计专业

我的社团，我喜欢

学生社团是校园文化建设的主力军，是学生参与社会活动的重要途径，可以培养学生的兴趣爱好，提高综合素质，丰富我们的第二课堂。

学校有丰富多彩的文化活动以及多种多样的学生社团，比如：国旗队、礼仪社、潮汐文学社、吉他社、阳光心语社、萤火虫音乐社、健美操社、气排球社、靓颖崇心摄影社、茶艺社、合唱团、舞蹈社、校园纠察队等。

同学们要积极报名参加学校的各种社团组织，培养综合能力，为职业生涯的起步奠定基础。

茶艺社

舞蹈社

校园纠察队

国旗队

健美操社

阳光心语社

【知识链接】

学生会是学校组织的一部分，是学生自治的群众性组织，是校方与学生间沟通的桥梁。

学生会常设部门有主席团、学习部、宣传部、文娱部、体育部、生活部、学籍部等。

我的技能，我苦练

一技在手，吃穿不愁。学校各专业均有设备齐全的实训实作车间，为我们提供了良好的实训条件，各专业的学生还经常参加省、市级技能比赛。只要肯努力，我们一定能成为高技能型人才。

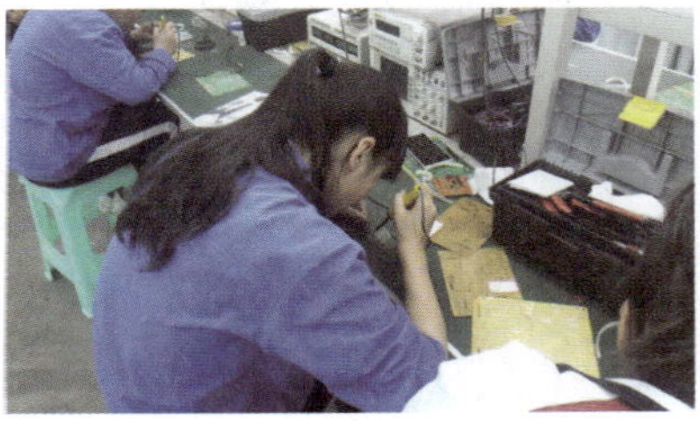

党团组织，我加入

党团活动对我们树立正确的世界观、人生观、价值观起到了非常重要的作用。在党团组织的领导下，我们像初升的太阳，茁壮成长。

学校设团委组织机构，下设团委书记、组织委员、宣传委员、文体委员、生活委员、纪律委员各一名，必要时可增设、撤销、调整。

各班设团支部，为团委的基层组织，分别设支部书记、组织委员、宣传委员各一名。

学校设有中国共产党党委组织机构，年满 18 周岁符合条件的同学可自愿提出申请加入中国共产党。

【知识链接】

中国共产党党员入党条件与程序

入党条件

年满 18 岁的中国工人、农民、军人、知识分子和其他社会阶层的先进分子，承认党的纲领和章程，愿意参加党的一个组织并在其中积极工作、执行党的决议和按期缴纳党费。

入党程序

（1）个人自愿提出申请。

（2）确定入党积极分子，组织培养（入党积极分子培养考察期为一年以上），填写《入党积极分子培养考察表》。

（3）填写《入党志愿书》，要有两名正式党员做介绍人。

（4）支部审查，支部大会讨论作出决议，报党委。

（5）上级党组织谈话了解、审批（预备期一年以上）。

（6）入党宣誓。

（7）预备期。

（8）支部考察预备期，提出能否转正的意见并报党委。

（9）党委审查，符合条件的转正，不合条件的延长预备期。

（10）转正：个人申请，支部大会通过，报党委审批。

（11）延长期：支部考察延长期，提出意见，并报党委审查，符合条件的转正，不符合条件的取消预备党员资格。

第三课　文明礼仪

礼仪是现代文明的具体表现，是人与人之间交往的形式。中国是“礼仪之邦”，注重礼仪是我国人民的优良传统。一个人文化素质、品德修养的高低，都会表现在他的外在礼仪形象上。掌握礼仪的规范，养成良好的习惯，有助于我们的生活和学习。

2015 级学前教育（二）陈晓梅　绘

文明是什么？文明是路上相遇时的微笑；是同学有难时的热情帮助；是平时与人相处时的友善；是见到师长时的问好；是不小心撞到对方时的一声“对不起”；是自觉将垃圾放入垃圾箱的举动；是看到有人随地吐痰时的主动制止……文明是一种品质，文明是一种修养，文明是一种受人尊敬并被大家广泛推崇的行为。

【案例引入】

李某是一名中职学校高三旅游专业的学生，她在面试某酒店行政客服一职时，由于过度紧张，发挥失常。这时，一位中年大叔走进面试室和考官耳语了几句，在他离开时，李某起身毕恭毕敬地对他说：“您好，请慢走。”这位男士笑着对李某点了点头。第二天，李某接到了试用通知。后来主管告诉她，那天面试走进来的是人事部经理，正是她那句礼貌的问候，让经理看到了她在实际客服工作中能够友善地与人进行交流的潜质，所以给了她试用的机会。

2015 级学前教育（二）陈晓梅　绘

【案例解析】

敬人、自律、适度是文明礼仪的基本原则，掌握分寸、礼貌待人是文明礼仪的重要内容。礼貌带来机遇，不管是作为一名学生还是社会人士，无论在什么场合都应该具备基本的礼仪知识和礼貌用语。李某赢得试用机会，正是体现出礼貌用语的重要性和关键性。

【知识链接】

在使用礼貌用语时，要做到态度诚恳、声音适宜、语气平和、善用敬语。学校提倡礼貌用语十个字："您好""请""谢谢""对不起""再见"。

【活动】

同学之间相互模拟以下情景，体验如何与他人进行文明礼貌的交流。

（1）在银行，向别人借笔。

（2）午间在学校食堂排队打饭时有人插队。

（3）进出教师办公室。

良好的"第一印象"是文明礼仪的基本要求

人们对他人的第一印象主要来自对其相貌、仪表、服饰、表情、姿态、态度、谈吐、举止等外在因素的感受，第一印象所形成的心理感受最为深刻。大方得体的仪容仪表是目前中职生精神面貌的外在表现，它能展示学校的校风和形象，反映学生的家庭教育、道德修养和文明程度。中职生的仪容仪表要符合中学生的身份和特点，在追求美上要讲科学、讲合理、讲规范，切勿盲目赶时尚、图虚荣、"不走寻常路"。

学校的仪容仪表要求

一、着装要求

（1）服装整洁、大方，不穿拖鞋、高跟鞋和背心进入学校。

（2）衣、裤应拉好拉链扣好扣。

（3）不穿暴露形体的服装（如超短裤、背心、吊带）；男生在夏天不得穿背心，不得赤裸上身。

（4）所有学生在校期间必须穿着校服或工作服。

二、发型要求

（1）男生发型要求：严禁烫发、染除黑色以外的发色；严禁光头、长发，不留奇异发型。前额发长不得齐眉毛，鬓角发长不得过耳，脑后理发要有坡度，发长不及衣领。

（2）女生发型要求：发不披肩，梳扎整齐，严禁染成除黑色以外的发色，发型大方。

三、站姿、坐姿要求

1. 标准站姿的要求

（1）身体舒展直立，重心线穿过脊柱，落在两腿中间，足弓稍偏前处，并尽量上提。

（2）精神饱满，面带微笑，双目平视，目光柔和有神，自然亲切。

（3）脖子伸直，头向上顶，下颚略回收。

（4）挺胸收腹，略微收臀。

（5）双肩后张下沉，两臂于裤缝两侧自然下垂，手指自然弯曲，或双手轻松自然地在体前交叉相握。

（6）两腿肌肉收紧直立，膝部放松。女性站立时，脚跟相靠，脚尖分开约 45°，呈“V”形；男性站立时，双脚可略为分开，但不能超过肩宽。

2. 标准坐姿要求

（1）精神饱满，表情自然，目光平视前方或注视交谈对象。

（2）身体端正舒展，重心垂直向下或稍向前倾，腰背挺直，臀部占椅面的 2/3。

（3）双膝并拢或微微分开，双脚并齐。

（4）两手可自然放于腿上或椅子的扶手上。

女生站姿

男生站姿

男生坐姿

女生坐姿

集会站姿

四、仪容仪表规范

文明礼仪教育对中职学生来说是必不可少的，提高文明礼仪修养水平，对我们的成长非常有益。当今社会就业竞争日趋严重，人才选择日益严格，用人单位不仅重视我们的专业知识、职业技能，还非常重视包括思想水平、职业道德、礼仪修养等综合素质。礼者敬也，仪者宜也。我们尊重生命，首先要从尊重自己开始；我们讲究礼仪，首先要从个人内心开始。只有真心诚意，才能修身齐家，才能更好地与人沟通相处，才能更好地融入社会生活当中，成为一个更加完美的人。

五、其他要求

（1）不留长指甲，保持指甲的清洁。
（2）不涂有色指甲油。
（3）不化妆，不佩戴除手表以外的其他饰物。
（4）男生不留胡须。

【“文明人”小测试】

你是一个文明的人吗?

（1）升国旗时，你能肃立，行注目礼吗?
　　A. 能　　B. 有时　　C. 不能
（2）你平时说脏话吗?

A. 不说　　B. 很少说　　C. 常说

（3）路上见到老师，你会主动上前问好吗？

A. 是　　B. 有时　　C. 不

（4）你有过破坏公物、乱扔粉笔的行为吗？

A. 没有　　B. 有过　　C. 经常

（5）你能和同学友好相处并互相帮助吗？

A. 是的　　B. 很少　　C. 没有

（6）你会乱扔垃圾吗？

A. 没有　　B. 偶尔　　C. 经常

（7）看见校园有垃圾，你会捡起来并扔进垃圾桶吗？

A. 会　　B. 有时　　C. 不会

（8）你能够做到上课认真听讲，不讲话，不做小动作吗？

A. 会　　B. 有时　　C. 不会

（9）你能按时独立完成作业，不抄袭别人作业吗？

A. 能　　B. 有时　　C. 不能

（10）参加各种集会能准时到达，安静听讲吗？

A. 能　　B. 有时　　C. 不能

测试评分：

计分标准："A"得3分，"B"得2分，"C"得1分。

分数为24～30分：你是个讲文明，懂礼貌的人。举止言谈文明，与老师、父母、同学相处融洽，人际关系好，是个受欢迎的人！

分数为16～22分：一般情况下，你是个文明的人，但有时可能没有认真对待一些事情，特别是一些小事，人际关系一般，是个比较受欢迎的人！

分数为10～14分：许多情况下，你可能不太注重文明礼仪，人际关系也因此受到影响。你身上有一些坏习惯，要注意哦！

第四课　规章制度

古训有言：不以规矩不成方圆。规章制度是我们每一位同学都要认真学习并践行的纪律规定，也是保障我们合法权益的行为准则。

【案例引入】

小张是刚进校的一年级新生，在周末返校安检时，值班老师在书包里发现了一把折叠式的弹簧刀和几个苹果。小张解释说："刀是带来削苹果的。"老师对小张的行为进行了纠正和批评。学校依据四川省教育厅《关于中职学校学生违反"三禁两不"规定纪律处分暂行办法》第二条的规定，给予小张留校察看纪律处分。

2015 级学前教育（二）张梦茜　绘

事后，小张对自己的行为非常后悔，在日记中写道：因为自己没有认真学习学校各项规章制度，导致受到了纪律处分。以后一定会好好学习规章制度，争做一名优秀的中职生。

讨论：从小张身上我们大家受到什么启示？

【知识链接】

四川省中职学生"三禁两不""十不准"纪律规定

"三禁两不"

严禁饮酒酗酒，严禁携带管制刀具，严禁抽烟。

不准结伙抱团，不准不假外出。

——《关于在中职学校立即开展"三禁两不"专项治理工作的意见》(川教〔2010〕68 号)

"十不准"

一、不准携带隐藏管制刀具。

二、不准打架斗殴。

三、不准结伙滋事。

四、不准擅自外出。

五、不准酗酒抽烟。

六、不准衣冠不整。

七、不准侮辱他人。

八、不准赌博盗窃。

九、不准索要他人财物。

十、不准进营业性歌舞厅网吧。

——四川省教育厅关于印发《中职学校学生行为"十不准"纪律规定的通知》(川教〔2009〕239 号)

四川省中等职业学校学生内务管理规定（试行）（节选）

第九条 学生对学校领导、教师、管理干部应当做到：

（一）尊重师长，服从领导管理；

（二）诚实守信，主动汇报思想；

（三）犯有过错时，诚恳接受批评，勇于承认改正错误；

（四）不当面顶撞，不背后议论，不搞小动作；

（五）关心学校，爱护集体荣誉，维护校园环境。

第十四条 学生不得抽烟酗酒、赌博和打架斗殴，不得携带隐藏管制刀具，不得参加迷信活动。

第十五条 学生不得到酒吧、网吧和电子游戏厅等营业性娱乐场所。严禁学生涉足不健康场所。

第十六条 学生不得购买、传看色情、暴力、迷信和低级庸俗的书刊和音像制品。

第二十三条 请假与销假。

（一）学生外出，必须提前请假，按时归校销假；未经批准不得擅自外出。学生在行课（实训）时，无特殊事由不得请假。

（二）请假一日以内（不远离学校、不在外住宿）的，由班主任批准，一日以上三日以内由校学生管理部门批准，三日以上由学校领导批准。学生请假外出时，必须完备请假批准手续，由班级或学校负责登记，交代注意事项，提醒出行安全。归校后必须向请假层级销假，班主任当日应向学校报告学生请销假情况。学校应严格按适当比例，控制学生请假外出人数。

——四川省教育厅关于印发《中等职业学校学生内务管理规定（试行）》的通知（川教〔2010〕3号）

学校的规章制度，是建立良好校风、班风的重要保障，既起到约束大家行为的作用，也能让我们的自身权益得到保护。

体验与探究

查阅学校制定的关于安全、学习、课外活动、寝室内务、实训等方面的各项规章制度，与同学探讨、交流如何遵守这些纪律要求。

学校的各类规章制度

从新生入学到毕业，针对不同年级、不同专业学习生活的需要，学校制定了各类规章制度，内容涵盖了学生日常学习生活、违纪处分、安全、班集体及个人评优等方面，详见《崇州市职教中心学生手册》。

2015 级学前教育（二）张梦茜　绘

一、学生日常管理制度

日常管理制度，是对学生从考勤、学习、两操、卫生、文明礼仪、行为习惯等方面进行管理，促使学生养成良好的日常行为习惯。

讨论：在这些场合，我们该怎么遵守不同的纪律要求？

课间操

军训

集会

实训

【知识链接】

崇州市职教中心强化学生常规管理制度

为贯彻落实中心提出的“五学三规一统一”专题教育及德育工作五年规划，将常规管理具体化、精细化、严格化，结合中心党委提出的从严管理、从严处罚的具体要求，特制定“学生日常管理制度”：

1. 迟到和早退

迟到是指学生不按作息时间进校或上课（进教室、实作室、操场等），早退是指集会提前离场或在下课之前离开教室或实训室。迟到和早退第一次给予口头警告，扣 1 分，第二次在升旗仪式上全校通报批评，扣 2 分，一周之内累计迟到两次及以上给予严重警告及以上纪律处分，特别严重者或屡教不改者给予记大过及以上处分，直至开除学籍。

2. 旷课、旷操

旷课、旷操是严重违反校纪校规的行为，发现一次扣 3 分，第一次给予口头警告，再次出现给予严重警告及以上纪律处分，扣 3~5 分。特别严重者或屡教不改者给予记大过及以上处分，直至开除学籍。

3. 仪容仪表、校服、校牌

学生在校期间都必须按要求规范仪容仪表，校服（工装）穿戴和校牌佩戴，学保处、值班人员、物业会不定时对全校同学进行检查，不规范的，第一次扣 1~2 分，给予口头警告；第二次在升旗仪式上全校通报批评，扣 2~4 分；一周之内累计两次及以上不符合要求给予严重警告及以上纪律处分，特别严重者或屡教不改者给予记大过及以上处分，直至开除学籍。

4. 在校内外举止不文明

学生应严格遵守校纪校规，一言一行符合中职学生身份，一旦发现举止不文明现象（男女生举止轻浮，男女生勾肩搭背，男女生之间发生超友谊行为），扣 2~5 分，第一次给予口头警告，教育后仍不思悔改者，给予记大过直至开除学籍处分。

5. 不服从管理或与管理人员发生冲突

与生活老师、门卫、教官、科任教师、班主任、值班人员发生冲突，顶撞老师，不服从管理者、不主动佩戴校牌者（或拒绝出示校牌者）、校服穿戴不完整者、不积极主动配合进校安全检查者，视其情节轻重一次性给予警告及以上处分，教育后仍不思悔改者，直至开除学籍。

6. 偷盗行为、敲诈勒索

在校内外凡发现有偷盗行为、敲诈勒索者，扣 5 分，视其情节轻重一次性给予记大过及以上处分，情节严重者移送公安机关并开除学籍。

7. 抽烟、喝酒、赌博

在校期间严禁抽烟、喝酒、赌博。对于抽烟学生（含在校门口 100 米范围或着校服在校外抽烟者）第一次给予口头警告，扣 2 分，第二次给予记大过处分，扣 5 分，教育后仍不思悔改者，直至开除学籍；对于喝酒、赌博、带烟进校学生，一经发现给予记大过处分，扣 5 分，教育后仍不思悔改者，直至开除学籍。

8. 打架斗殴，携带、隐藏管制刀具

对打架斗殴、抱团结伙、寻衅滋事，携带、隐藏管制刀具者，一经发现给予记大过处分，扣 5 分，教育后仍不思悔改者，直至开除学籍。

未涉及内容严格按照《崇州市职教中心学生手册》违纪处分条例，四川省教育厅《关于中职学校学生违反“三禁两不”规定纪律处分暂行办法》执行。

二、学生违纪处分制度

为规范学校学生日常行为，维护学校正常的教育教学秩序和生活秩序，保障学生合法权益，教育学生更好地遵规守纪，促进学生的健康成长，特制定《崇州市职教中心违纪学生处分条例》。

【案例引入】

小李和小王同住一个寝室，一天因小事发生口角，继而两人扭打起来。老师知道后对两名同学进行了调解和批评教育，学校也根据学生违纪处分制度给予两人记过处分。

讨论：我们该如何学会克制自己的情绪？

2015 级学前教育（二）张梦茜　绘

学校必须保证安全，对学生的安全教育是学校进行现代教育的重要内容。安全教育是对同学们进行系统的安全知识教育，以增强同学们的安全防护知识，让大家掌握必要的安全知识和自救自护技能。教育主管部门和学校制定了安全预案、突发事情处理办法、预防校园欺凌处理办法、传染病预防、食品及饮用水安全制度、交通安全、防溺水等制度。

三、优秀班集体及个人奖励制度

为了全面贯彻党的教育方针，进一步激励学生遵章守纪、勤奋学习、苦练技能，我校实施四川省、成都市、崇州市、学校级别的优秀班集体、三好学生、优秀学生干部、优秀团员等评选、评定办法。

【知识链接】

四川省中等职业学校省级优秀毕业生、三好学生、优秀学生干部评选办法（节选）

一、评选条件

1. 热爱社会主义祖国，拥护中国共产党的领导和社会主义制度，积极学习、宣传党的基本路线，模范执行学生守则和学生行为规范，遵守国家法律、法规以及学校各项规章制度，尊敬师长、团结同学、品行优良。在校期间未受过任何处分。每期操行评定均为优秀。

2. 在校期间曾被授予校级及以上“三好学生”、“优秀学生干部”或“优秀共青团员”、“优秀共青团干部”等荣誉称号。积极参加社会实践等活动，成绩突出。

3. 学习勤奋、成绩优良。所有考试科目平均成绩在 80 分以上，其中单科考试成绩不低于 75 分；两年制学生须两期及以上，三年制学生须三期及以上，四年制学生须四期及以上考试科目平均成绩在 85 分以上，其中单科成绩不低于 80 分；考查课成绩均为良好或优秀；实习成绩均在良好以上；课程设计、毕业设计或毕业论文成绩须在良好以上。无旷课和补考。

4. 从 2004 年开始评选的省级优秀毕业生、三好学生、优秀学生干部，被推荐人应取得国家级或四川省职业技术学校英语、计算机等级考试一级（初级）以上合格证书。

5. 积极参加学校开展的各项文体活动，认真上好体育课。体育成绩达到国家锻炼标准，身体健康。

体验与探究

通过对规章制度的学习，我们应该从哪些方面着手努力提高自身能力，成为一名品学兼优的中职生？

第五课　资助保险

同学们，你们知道吗，从 2009 年秋季开始，中等职业学校免学费政策开始实施，对家庭经济困难的学子还提供国家助学金。而保险则是当被保险人生病或发生意外时能通过理赔获得经济赔偿的一种保障。

【案例引入】

小李，父亲残疾，母亲因病去世，家里还有年岁已高的爷爷奶奶，家庭经济相当困难，初中毕业后准备外出打工以减轻家庭负担。一张贴在初中学校宣传栏内的国家中职免学费和资助的宣传海报让小李重燃了继续读书的希望。

9 月，在政策的帮助下，小李顺利跨进了中职学校的大门。在学校里，小李努力学习专业技术，对未来充满了信心。

讨论：如果小李初中毕业后就外出打工，他的人生将会是怎样的？

在中职阶段，资助是以全面免学费、国家助学金为主体，以奖学金、勤工俭学、顶岗实习、社会资助等为辅助的资助体系。这些政策不仅减轻了家庭的负担，更让一部分家庭经济困难的学生得以继续求学。

2015 级学前教育（二）覃青青　绘

一、全面免学费政策

凡中等职业学校全日制正式学籍一、二、三年级在校生中所有农村（含县镇）学生、城市涉农专业学生和家庭经济困难学生（艺术类相关表演专业学生除外）实行免学费政策。

实行全面免学费政策体现了党和政府对大力发展中等职业教育的责任和担当，也彰显了我们国家蒸蒸日上的综合国力和财力。

执行免学费政策的中等职业学校范围包括中等职业学校、技工学校、职业高中、普通中专、成人中专和高等职业技术学院附属中专部。

2015 级学前教育（二）张梦茜　绘

【政策延伸】

四川省于 2009 年启动实施藏区“9＋3”免费教育计划，即在 9 年义务教育的基础上，藏区初中毕业生和未升学的高中毕业生可到我省内地免费接受 3 年中等职业教育。对到内地中职学校就读的藏区学生，全部免除学费并提供生活补助和交通、住宿、书本、一次性冬装等杂费补助及学校工作经费补助，享受与学校驻地城镇居民同等的医疗保障；对在藏区内就读中职学校的学生给予免除学费、补助生活费的资助。2014 年，我省又启动实施大小凉山彝区“9＋3”免费教育计划。

二、国家助学金政策

国家助学金资助对象是中等职业学校全日制正式学籍的一、二年级在校涉农专业学生和非涉农专业家庭经济困难学生（西部地区按在校学生的20%确定，中部地区按在校学生的15%确定，东部地区按在校学生的10%确定）。六盘山区等11个连片特困地区和西藏及四省藏区、新疆南疆四地州中等职业学校农村学生（不含县城）全部纳入享受助学金范围。

国家助学金政策的实施，不仅帮助了很多困难家庭的贫困学生完成了学业，也对职业教育的发展起到了至关重要的作用。

【政策延伸】

1. 认定家庭经济困难学生的重点对象

（1）重点优抚对象；

（2）城市低保户、农村低保户；

（3）孤儿；

（4）一至四级残疾学生；

（5）父母双残或单残；

（6）家庭主要成员长期患病或丧失劳动能力造成生活困难的学生；

（7）因重大自然灾害或其他突发事件造成家庭经济严重困难的学生。

2. 国家助学金评审原则

国家助学金评审体现“公开、公平、公正”的三公原则。

3. 国家助学金评审发放办法

《中等职业学校国家助学金管理办法》（财科教〔2016〕35号）第七条规定：“国家助学金通过学生资助卡发放给受助学生。中等职业学校或学生资助管理机构为每位受助学生办理学生资助卡，学生本人持身份证原件和学生证，到发卡银行网点柜台激活资助卡后方可使用。不得向学生收取卡费或押金等费用，也不得以实物或服务等形式，抵顶或扣减国家助学金。”

2015级学前教育（二）周霜　绘

2015级学前教育（二）覃青青　绘

三、其他形式的资助

（一）奖学金制度

奖学金是对学生在校期间德、智、体、美、劳等方面进行综合考评，对表现优秀者给予一定的奖学金。金额大小由学校根据相关政策和实际情况设定。

（二）勤工俭学制度

勤工俭学制度是学校在统一安排下，对家庭经济困难学生提供合适的勤工俭学岗位。学生利用课余时间，通过劳动获得合法报酬。

（三）顶岗实习制度

顶岗实习制度是学校安排三年级学生到企业等单位顶岗实习，获得一定报酬，用于学习和生活，以减轻家庭经济负担的制度。

（四）社会资助

社会资助指社会团体、企事业单位以及个人对家庭经济困难学生提供的学习、生活等方面的资助。

四、保险制度

【案例引入】

某校机械专业学生小张，假期在骑自行车时不慎摔伤，医疗费用达一万余元。但由于小张购买了学生平安保险，通过基本医疗保险和学平险报销后，其家庭只承担了一千余元的医疗费用。

讨论：在读书期间，除了学生平安保险，我们还应该购买哪些保险？

2015 级学前教育（二）周霜　绘

（一）学生平安保险

学生平安保险全称“中小学生平安保险”，是针对中小学生特点的一种保险。由学生每年自愿投保。学生平安保险包含意外伤害、意外伤害医疗以及住院医疗在内的多项保障，是学生投保范围最广、最普遍的一种保险。

（二）学生基本医疗保险

学生基本医疗保险是政府提供的保障范围最为广泛的一种社会医疗保险，成都市所有中职在册学生均可以自愿购买。基本医疗保险制度具有法定性、缴费性和福利性等的特点。当我们因疾病或者意外伤害需要获得必需的医疗服务时，基本医疗保险按规定可提供医疗服务补偿。

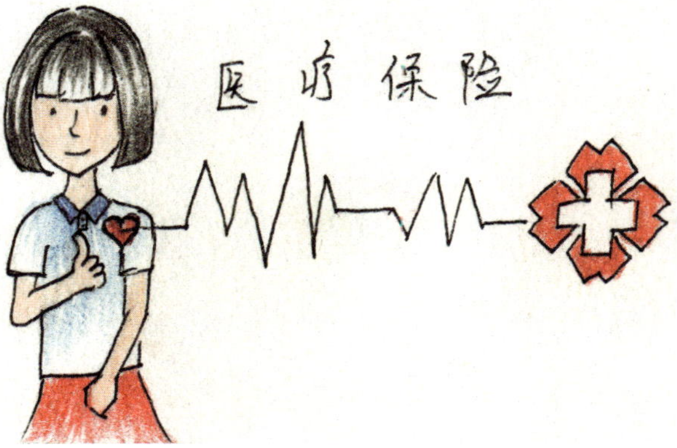

2015级学前教育（二）覃青青　绘

（三）大病医疗互助补充保险和重特大疾病医疗保险

（1）大病医疗互助补充保险：是对基本医疗保险的一项补充保险。参保人员在基本医疗保险政策范围内报销后的剩余部分，符合大病医疗互助补充保险报销政策的，实行级距式分段按比例报销。

（2）重特大疾病医疗保险：将不属于基本医疗保险支付范围，临床必需、疗效确切、个人负担较重，药品适应证和临床诊疗标准明确的，治疗肿瘤（包括血液病）的靶向药和化疗药、高致残性疾病的特效药以及治疗罕见疾病的特效药（孤儿药），且四川省基本医疗保险目录内无同类替代药品（不含辅助用药）纳入报销范围。

（四）实习责任保险

《教育部、财政部、中国保险监督管理委员会关于在中等职业学校推行学生实习责任保险的通知》（教职成〔2009〕13号）规定："中等职业学校可以根据自身专业设置、教学安排等实际情况，选择为最后一年学生投保全年学生实习责任保险，或者为全部学生投保与其实习期间相对应的学生实习责任保险。"保障对象为参加顶岗实习和教学实训的中等职业学校在籍学生。

第六课　饮食卫生

同学们，大家知道我们每天吃的食品中哪些是健康食品，哪些是垃圾食品吗？在校园内我们又该如何注意饮食卫生？怎样做到严防病从口入呢？

【案例引入】

某市一小学的学生，由于在就餐时吃了变质食物，部分学生出现不同程度的发热、呕吐和腹泻症状，及时送医后病情得以控制。经医学检查，确定是由宋内氏志贺菌引起的食物中毒。

讨论：引起食物中毒的原因有哪些？

2015级学前教育（二）张梦茜　绘

一、食品安全

（一）什么是食品安全

食品安全：指食品无毒、无害，符合应当有的营养要求，对人体健康不造成任何急性、亚急性或者慢性危害。

食品安全也是一门专门探讨在食品加工、存储、销售等过程中确保食品卫生及食用安全，降低疾病隐患，防范食物中毒的一个跨学科领域。

食品安全既包括生产安全，也包括经营安全；既包括结果安全，也包括过程安全；既包括现实安全，也包括未来安全。

（二）如何分辨伪劣食品

一防“艳”：对颜色过分艳丽的食品要提防，如面对上市的草莓像蜡果一样又大又红又亮、咸菜梗亮黄诱人、瓶装的蕨菜鲜绿不褪色等，要留个心眼：是不是在添加色素上有问题？

二防“白”：凡是食品呈不正常不自然的白色，十有八九会有漂白剂、增白剂、面粉处理剂等化学品的危害。

三防“长”：尽量少吃保质期过长的食品，3 °C 贮藏的包装熟肉禽类产品采用巴氏杀菌的，保质期一般为 7 ~ 30 天。

四防“反”：就是防反自然生长的食物，如果食用过多可能对身体产生影响。

2015 级学前教育（二）张梦茜　绘

五防“小”：要提防小作坊式加工企业的产品，这类企业的食品平均抽样合格率最低，触目惊心的食品安全事件往往在这些企业出现。

六防“低”：“低”是指在价格上明显低于一般价格水平的食品，价格太低的食品大多有“猫腻”。

七防“散”：散就是散装食品，有些集贸市场销售的散装豆制品、散装熟食、酱菜等可能来自地下加工厂。

（三）养成良好的饮食卫生习惯

（1）养成吃东西前洗手的习惯。人的双手每天干这干那，接触各种各样的东西，会沾染病菌、病毒和寄生虫卵。吃东西前认真用肥皂洗净双手，减少“病从口入”的可能。

（2）生吃瓜果要洗净。瓜果蔬菜在生长过程中不仅会沾染病菌、病毒、寄生虫卵，还有残留的农药、杀虫剂等，如果不清洗干净，不仅可能染上疾病，还可能造成农药中毒。

（3）不随便吃野菜、野果。野菜、野果的种类很多，有的含有对人体有害的毒素，缺乏经验的人很难辨别清楚，只有不随便吃野菜、野果，才能避免中毒，确保安全。

（4）不吃腐烂变质的食物。食物腐烂变质，其味道会变酸、变苦，散发出异味儿，这是细菌大量繁殖引起的。吃了这些食物会造成食物中毒。

（5）不随意购买、食用街头小摊贩出售的劣质食品、饮料。这些劣质食品、饮料往往卫生质量不合格，食用、饮用会危害健康。

（6）不喝生水。水是否干净，仅凭肉眼很难分清，清澈透明的水也可能含有病菌、病毒，喝开水最安全。

【知识链接】

常见的饮食卫生误区：

（1）好热闹喜聚餐。

（2）用白纸包食物。

（3）用酒消毒碗筷。

（4）抹布清洗不及时。

（5）用卫生纸擦拭餐具。

（6）用毛巾擦干餐具或水果。

（7）将变质食物煮沸后再吃。

（8）把水果烂掉的部分剜掉再吃。

二、饮水安全

【案例引入】

2017 年，某市一小学突发集体中毒事件，30 名学生出现呕吐等症状。后经调查发现，此次事件是由自来水受到污染，学生饮用变质的水造成的。

讨论：自来水能否直饮？

“人可三日无粮，不可一日无水”，从这句话里我们可以看出水的重要性。我们每天都要喝水来补充身体内流失的水分，那么，怎样喝水才算科学？

1. 要喝新鲜煮沸的白开水

生水中含有多种细菌及有害物质，煮沸可使这些物质减少。要喝新鲜的水，因为水煮得过久或者重复烧开后就会变成老化水，喝了会影响细胞的新陈代谢，从而影响身体发育。

2. 要定时喝水

口渴时才喝水，不渴时就不喝，这种方式只能解渴，水分却得不到吸收。应该定时喝水，少量多次，起床后、三餐前、睡前半小时都可以喝杯温开水。

3. 饮水要适量，切忌暴饮

一般每天喝 8 杯水，1200 毫升左右，就能满足身体所需的水分。极其口渴时也不要大量喝水，以免增加胃肠道的负担，可以喝杯温热的淡盐水。

4. 大量劳动或运动后停一会儿再饮水

运动后会产生大量的汗水，造成水分的流失，这个时候虽然口渴，但是胃肠道的吸收能力很差，为了不给它们添加负担，最好 20 分钟后再喝水。

5. 饮水温度要适宜

水的温度不宜过高或过低，过高会造成口腔、食道等的烫伤充血，过低会造成肠胃不适，以 35 °C 至 38 °C 为最佳。

6. 饮料不能代替水

饮料多含有糖类、添加剂、色素等，长期饮用会对胃造成刺激，伤害身体，尤其是碳酸类饮料，过量饮用会造成钙质的流失。

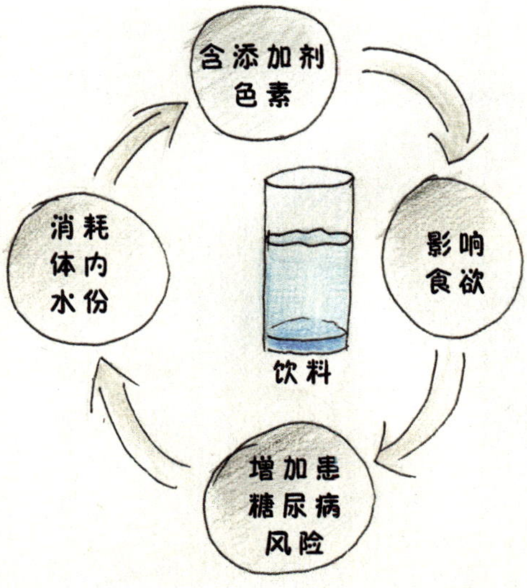

2015 级学前教育（二）覃青青　绘

【知识链接】

1. 什么样的水是安全饮用水

从饮水与健康的角度来讲，良好的饮用水应该符合以下几点要求：一是干净，不含致病菌、重金属和有害化学物质；二是含有适量的矿物质和微量元素；三是含有新鲜适量的溶解氧；四是偏碱性，水的分子团要小，活性要强。

2. 何时饮水是最佳时间

（1）早晨起床后饮水，补充一夜之间的水消耗。

（2）上午 10 时左右饮水，可补充流汗及尿液排出的水分。

（3）下午 3 时左右饮水，再度补充体内排出的水分，也使体内囤积的废物顺利排出，防止人体酸性化。

（4）晚上 8 时左右，是睡前饮水最佳时间，因睡眠时血液浓度增高，睡前饮水可以冲淡血液，加速血液循环。

【活动】

结合饮食卫生安全主题，在班上开展一次征文活动。

第七课　手机的使用

2015 级学前教育（二）覃青青　绘

手机作为高科技产物，正确使用确实可以给我们带来许多生活上的方便。

窝在沙发里，紧盯手机屏幕，手指快速移动，赢一把就喜不自胜，输了就骂骂咧咧……这是不少游戏玩家的写照，相信很多人都见过，甚至经历过。打游戏停不下来，打游戏黑白颠倒不想上班……从最初的“网瘾少年”到如今的“手游沉迷”，游戏成瘾已经成为颇受关注的社会现象。近日，世界卫生组织（WHO）作出结论，将游戏障碍（即通常所说的游戏成瘾）首次在全球范围内列入了国际疾病分类（ICD）“精神与行为障碍”章节，将游戏成瘾纳入医疗体系。

【案例引入】

（1）15岁的男孩小金，因为肩颈疼痛、头晕到医院就诊。X光片检查结果显示，孩子颈椎已经变形；磁共振检查结果更惊人，还出现了颈椎间盘突出的情况。在医生细问之下，家长说孩子从小爱玩手机，一玩就放不下来。

（2）2017年，17岁的广东青年小刘因在宿舍连续玩网游40多个小时罹患脑梗；杭州13岁男孩因玩游戏被家长训斥，后跳楼致多处粉碎性骨折，被送医院时还要求登录手游账号；湖南慈利23岁女性被年仅15岁的初三学生残忍杀害，只因后者沉迷于暴力网游，想体验在现实中杀人的快感……

【案例解析】

正常的颈椎弧度是前凸的，如果长期低头，会使颈椎的生理弧度变直，颈椎关节半脱位，颈椎间盘突出等。小金就是长期低头玩手机导致以上症状的出现。

上面两个案例，说明学生如果使用手机不当，会对品德、学习成绩和身心带来不良的影响。

【中职生不正确使用手机的弊端】

（1）手机成了考场作弊的帮凶，影响考场秩序，助长同学们的不良风气。

（2）学生在休息时间和上课时间沉迷于手机游戏，严重影响休息和学习。

（3）学生盲目地将手机与别人的进行比较，形成了不良攀比风气，容易使那些没有手机的学生产生心理上的不平衡。

（4）手机更新换代迅速，学生盲目追新，额外增加父母的负担。

（5）使用手机妨碍学校的教学秩序，如上课时玩手机、突然来电话等。

（6）手机对人体有辐射，青少年正处在生长发育的黄金阶段，长期使用手机会对身体造成伤害。

（7）发布虚假、不良信息，危害社会，伤害自己。

（8）不良信息泛滥，误人子弟。手机上网、QQ 聊天、网络游戏、电子书等功能的不当使用，以及不良短信，黄、赌、毒信息，危害健康成长。

（9）利用手机与校外人员联系，影响学习。

（10）利用 QQ、微信等谩骂他人，引发矛盾。

2015 级学前教育（二）张梦茜　绘

【安全应对】

（1）不买很贵的手机，防止出现攀比心理，通信方便足矣。有意识地培养正确消费观念和勤俭节约的良好行为习惯。

（2）在校期间按规定使用手机，避免上课时玩手机或者发信息，在学校内，如没有意外情况，不要使用手机。

（3）积极参加丰富多彩的课余活动，远离手机的负面影响，把精力放在学习上。

（4）文明使用手机，不造谣、不听谣、不信谣、不传谣，不传播不良信息。

（5）在校外使用手机避免被小偷或者强盗惦记，从而威胁到人身安全。

（6）在手机使用上，应锻炼自控能力，学会正确使用。

我们的任务是认真学习，对于一切影响学习的东西，都要多一份理性，少一份盲从。

【互动问答】

（1）你在聊 QQ、微信时与别人发生过矛盾吗？该如何防止？

（2）上课、晚睡时，你偷玩过手机吗？如何提升自控能力，养成正确使用手机的好习惯？

讨论：对于手机使用，学校该强制管理吗？

第二单元

意外伤害篇

第一课　踩踏事故危机应对

踩踏事故，是指在聚众集会时，特别是在整个队伍产生拥挤移动时，有人意外跌倒后，后面不明情况的人群依然在前行，对跌倒的人产生踩踏，从而产生惊慌、加剧了拥挤和增加新的跌倒人数，并形成恶性循环的群体伤害的意外事件。学校作为人员较为密集的场所，是踩踏事故经常发生的地点。校园踩踏事件多发于学生集中放学时或者集会活动后，学生较为集中地上下楼梯，尤其是在光线不好的楼梯和楼道更易发生此类事件。

【案例引入】

（1）2017 年 3 月 22 日上午 8 点 30 分左右，河南省濮阳县第三实验小学的学生上厕所时发生踩踏事故，事故共造成 22 名学生受伤，其中 1 人在送往医院途中死亡，5 人重伤。

（2）2014 年 12 月 31 日 23 时 35 分许，上海外滩陈毅广场发生拥挤踩踏事故，致 35 人死亡，43 人受伤。

（3）2014 年 9 月 26 日下午，昆明市北京路明通小学发生一起踩踏事故，造成学生 6 人死亡、26 人受伤。

（4）2009 年 11 月 25 日，重庆彭水县桑柘镇中心校下午放学时，学生在一楼、二楼楼梯口发生拥堵、踩踏，造成 5 名学生严重受伤，数十人轻伤。

【案例解析】

（1）学生较为集中时，由于拥挤或不慎前面有人摔倒，后面人未留意，没有止步导致踩踏。

（2）学生受到惊吓，产生恐慌，如听到尖叫声、爆炸声、其他刺耳的声音和突如其来的变故，出现惊慌失措的失控局面，在无组织无目的地逃生中相互拥挤，造成踩踏。

（3）学生因过于激动（兴奋、愤怒等）而出现骚乱，易发生踩踏。

（4）学生因好奇心驱使，专门找人多拥挤处去探索究竟，造成不必要的人员集中而导致踩踏。

（5）在上下楼梯时故意拥挤、起哄、恶作剧、打闹、推搡、突然停留和开玩笑等，特别在人多时，更容易发生踩踏事故。

2015 级学前教育（二）陈晓梅　绘

【安全应对】

（1）课间休息或放学后不要急于下楼，牢记安全第一。

（2）举止文明，人多的时候不拥挤、不起哄、不制造紧张或恐慌气氛。

（3）发现不文明的行为要敢于劝阻和制止。

（4）尽量避免到拥挤的人群中，不得已时，尽量走在人流的边缘。

（5）应顺着人流走，切不可逆着人流前进，否则，很容易被人流推倒。

（6）发觉拥挤的人群向自己行走的方向来时，应立即避到一旁，不要慌乱，不要奔跑，避免摔倒。

（7）陷入拥挤的人流时，一定要先站稳，身体不要倾斜失去重心。要设法抓住楼梯扶手，防止摔倒。即使鞋子被踩掉，也不要贸然弯腰提鞋或蹲下系鞋带。

（8）在人群拥挤中前进时，要用一只手紧握另一手腕，手肘撑开，平放于胸前，微微向前弯腰，形成一定空间，以保持呼吸道通畅。

（9）一旦被人挤倒在地，设法使身体蜷缩成球状，双手紧扣置于颈后，保护好头、颈、胸、腹部，还要设法靠近墙角。

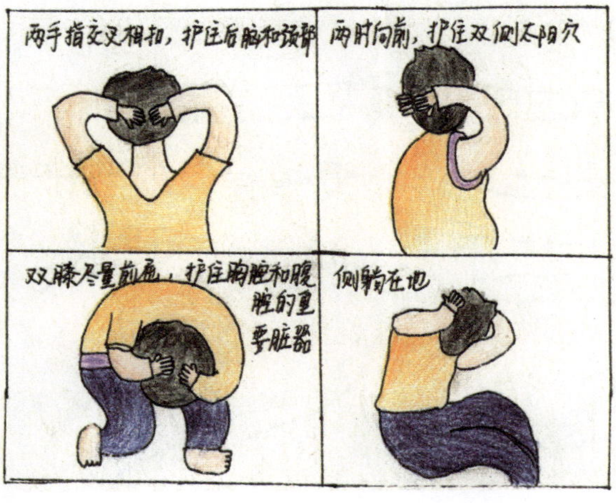

2015 级学前教育（二）陈晓梅　绘

【安全互动问答】

（1）晚自习后，你正在下楼梯，楼梯的灯突然熄灭了，你该如何应对？

（2）同学小王下楼梯时，发现自己的鞋带松开了，于是蹲下系鞋带，你看到后该如何应对？

第二课　管制刀具危机应对

管制刀具是指公安机关为了有效维护社会治安，防止不法分子利用刀具作为凶器进行违法犯罪活动，由法律规定实行控制管理的刀具。它是刀具的一部分。

2017 年 1 月公安部制定了最新的《管制刀具认定标准》，规定凡符合下列标准之一的，可以认定为管制刀具。① 匕首：带有刀柄、刀格和血槽，刀尖角度小于 60 度的单刃、双刃或多刃尖刀；② 三棱刮刀：具有三个刀刃的机械加工用刀具；③ 带有自锁装置的弹簧刀（跳刀）：刀身展开或弹出后，可被刀柄内的弹簧或卡锁固定自锁的折叠刀具；④ 其他相类似的单刃、双刃、三棱尖刀：刀尖角度小于 60 度，刀身长度超过 150 毫米的各类单刃、双刃和多刃刀具；⑤ 其他刀尖角度大于 60 度，刀身长度超过 220 毫米的各类单刃、双刃和多刃刀具。

在学校管理过程中，学生携带、藏匿管制刀具，对学校安全管理造成很大隐患。主要危害性在于：① 学生携带管制刀具可能由于玩耍而伤及自己或他人，情节严重的构成犯罪；② 学生携带管制刀具，容易被不法分子利用，成为犯罪工具，危害公共安全；③ 携带管制刀具，助长了学生逞强好胜的心理，一旦与同学发生冲突，随身携带的管制刀具很可能成为实施犯罪的工具。

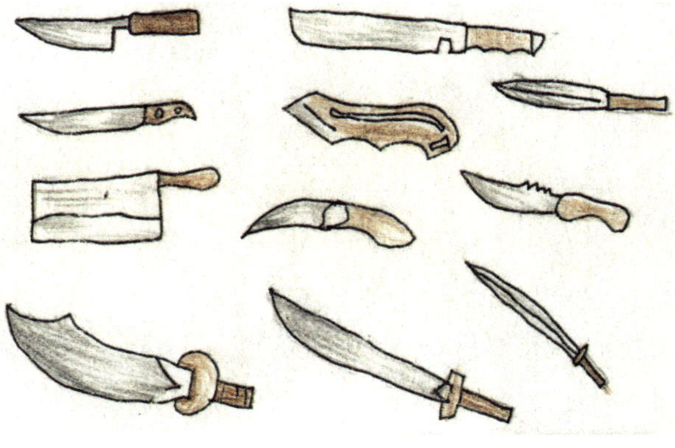

2015 级学前教育（二）张梦茜　绘

《中华人民共和国治安管理处罚法》第三十二条针对携带管制刀具明确规定："非法携带管制刀具的，处五日以下拘留，可以并处五百元以下的罚款。情节较轻的处警告或者二百元以下罚款。非法携带管制刀具进入公共场所或者公共交通工具的，处五日以上十日以下拘留，可以并处五百元以下罚款。"因此，加强学生法制教育，制止学生携带、藏匿管制刀具，是保障校园安全、预防学生犯罪的需要。青年学生应该做一名明智的守法者，认清携带管制刀具的危害，保证自己及他人的健康成长。

【案例引入】

（1）2018 年 4 月，成都某职业学校，三名学生携管制刀具翻墙外出与校外某社会青年发生争执，其中一名学生用自己携带的管制刀具将社会青年捅死。

（2）2013 年 9 月 5 日，成都地铁 2 号线行政学院站内，安检工作人员突然发现，在一个行李箱内有一疑似刀具的物品。经鉴定，该刀具属于管制刀具。携带管制刀具的男子被处以行政拘留。

（3）2015 年 5 月成都某职业学校，由于不堪毕业班学生的欺凌，低年级学生用携带的管制刀具将毕业班学生砍伤。

【案例解析】

喜欢携带刀、剑、匕首等刀具的多系青少年，他们以拥有刀剑为时尚。青少年的身心发展尚未成熟，思想单纯，缺乏理智，意志薄弱，感情易冲动，自我控制能力弱。部分青少年不知法，不懂法，不畏法，不守法，无所顾忌，胆大妄为，逞强霸道心理极强，有时为了一点小事，或经他人稍加挑逗，就大动干戈，持刀伤人，甚至持刀械斗。或者，在生活中将管制刀具无意识地带到公众场所。这些行为等来的将是治安管理相关法律法规的处罚。

【安全应对】

在校园生活中，为了维护正常的教育教学管理秩序，净化校园治安环境，共同维护校园安全稳定，共建和谐校园，我们应共同遵守以下要求。

（1）应加强安全法治知识学习，人人做一个知法守法的好青年。

（2）认清携带、藏匿管制刀具的危害，保证自己及他人的健康成长。

（3）树立正确的人生观、价值观，培养健康的心态和积极的爱好。

（4）在学校对管制刀具管理的长效机制下，不带管制刀具进入校园是每一位学生的责任，大家相互监督、共同努力，共创安全文明和谐校园。

【安全互动问答】

（1）你和小王同学的关系比较好，一次，你不经意间发现小王把一把西瓜刀藏在柜子里面，并且他要你帮他保守秘密，别让老师知道。你该如何应对？

（2）你在庙会上买了一把弹簧刀，在周末返校时，将弹簧刀不小心带入学校。其中哪些地方你做错了？

（3）和你关系很好的小黄被别人欺负了，他叫社会上的不良青年给他准备两把管制刀具，准备下晚自习后叫你一起教训下对方。你该如何应对？

第三课　用电危机应对

电是现代社会不可缺少的动力来源，文明生活离不开电力。但电的使用有两面性：使用得当，电能给我们带来很大的益处；使用不当，则会造成很大的危害。因此，掌握安全用电的基本知识，对我们来说非常重要。

2015 级学前教育（二）黄珍　绘

【案例引入】

（1）某职业学校离下课还有十分钟，突然实训室内唏嘘声不断，部分同学设计的电路被烧，原来是黄某在做好电路后未经老师同意私自通电，短路所致。

（2）北京某校学生王某买了一个吹风机，带到学校来，引起了同学的兴趣，大家争先恐后地用着，三天两头吹风不断。1 月 16 日下午，几位同学如同往日一样，先后使用吹风。王某很快地吹完了，满意地走了。赵某接着料理自己，还没有几分钟，就停了电。赵某十分丧气，觉得自己真倒霉，但他估计过不了几分钟电就会来，于是没有拔插头，和几位同学闲聊着。然而等了很长时间，电还是没有来。随着时间的流逝，吹风机早被赵某忘得一干二净。晚上 9：30 电来了，吹风机接通电源，烧红了……火焰从窗口窜了出来，情况处于危急之中……

（3）2018 年某天，李老师在教室里正讲得口若悬河，只听“砰”的一声，教室后面的一个无人坐的课桌里火花一闪，一阵烧焦的臭味随即传到教室的每个角落，吓得后排的同学尖叫起来，所幸没有人员伤亡。

2015 级学前教育（二）黄珍 绘

【案例解析】

案例中的事故是同学们在实训室不按实训流程操作、在寝室违规使用电器、在教室私拉乱接电源给手机充电，造成了电路故障而引起的。违规使用电器、实训室不按实训流程通电、私拉乱接电源线、小电器猛增，是学校四大安全用电“导火索”。我们每个学生都要自觉安全用电，在学校坚决杜绝违章用电行为。安全防范，人人有责。

【安全应对】

2015 级学前教育（二）黄珍 绘

（1）认识了解电源总开关，学会在紧急情况下切断总电源。

（2）不用手或导电物（如铁丝、钉子、别针等金属制品）去接触、探试电源插座内部。

（3）不用湿手触摸电器，不用湿布擦拭电器。

（4）电脑、充电器等使用完毕后应拔掉电源插头或关闭接线板上的开关；插拔电源插头时不要用力拉拽电线，以防止电线的绝缘层受损造成触电；电线的绝缘皮剥落，要及时更换新线或者用绝缘胶布包好；发生线路故障必须及时报有关维修部门维修或更换，严禁私自维修或更换。

（5）发现有人触电要设法及时切断电源，或者用不导电物（如干燥的木棍等）将触电者与带电的电器分开，不要直接用手去救人，以防触电。

（6）不随意在寝室、教室和实训室内更改、拆卸、安装电源线路、插座、插头等，也不要把铁钉等硬物凿入墙面，以防发生电线短路、触电等意外事故。

（7）电源接线板不应放在床上，应放在书桌等通风安全处，周围不要有易燃物品，也不要将接线板放在小杂物容易掉入或容易被水侵入的地方。电线不要与床架等金属物接触，接线板上不能接过多电源插头，禁止多个互接。

（8）无人情况下必须切断所有电源，尤其是插排，做到“人走断电”，预防火灾的发生。

（9）严禁私自跨寝室、跨教室进行计算机联网或在公共网络线上私拉乱接。

【安全互动问答】

当你在学校发现某个同学私拉电线或违规使用电器时，你该怎么做？

第四课　火灾危机应对

学生在校园中的一些不良行为往往会导致火灾的发生，如躺在宿舍床上抽烟、在教室里面私拉乱接插线板、使用违规电器等。由于学校是人员高度集中的地方，一旦发生火灾将会造成重大安全事故。

2015 级学前教育（二）黄珍　绘

【案例引入】

（1）2017 年 12 月 6 日，成都一中专学校学生在宿舍里面抽烟，在宿管老师检查时，将未熄灭的烟放在棕垫下面，造成棕垫和铺垫起火，未造成伤亡。

（2）2017 年 11 月 22 日，成都一中专学校学生洗完头发后，到教室里面使用吹风机吹干头发，导致插线板软化起火燃烧，未造成人员伤亡。

（3）2017 年 4 月 16 日上午 10 时 30 分许，北京某高校宿舍发生火灾，截至中午 12 时，已造成一人受伤。

【案例解析】

校园火灾通常是由学生消防意识薄弱，消防知识欠缺，对于自己的不良行为习惯没有进行约束，违规使用大功率电器等造成的。遭遇火灾时惊慌失措，不知道如何处理，采取的措施不合理，往往造成更进一步的损失和伤害。

【安全应对】

一、火灾的预防

（1）不在宿舍存放易燃易爆物品，如打火机、气罐和打火机机油等。宿舍里面都是被子和衣物之类的易燃物，当学生宿舍内出现易燃易爆品时，往往会引发火灾。

2015 级学前教育（二）黄珍　绘

（2）不在教室、宿舍以及公共场所吸烟，不乱丢烟头。现在有很多火灾的发生，烟头是罪魁祸首，因此在学校里不要随意丢弃烟头等火种，预防火灾的发生。

（3）不使用蜡烛等明火照明用具。蜡烛等明火照明工具是最直接的火源，如果需要小范围的照明可以选择使用台灯。

（4）注意用电安全，不违章用电，不乱拉电线，不使用禁用电器。违章用电不仅可能威胁学生生命，同时还可能引发火灾等非自然灾害。若发现用电隐患，每个同学都有责任及时向学校报告。

二、几种常见火灾的扑救方法

（1）家具、被褥等起火：一般可用水灭火。用身边可盛水的物品如脸盆等向火焰上泼水，也可把水管接到水龙头上喷水灭火，同时，把燃烧点附近的可燃物泼湿降温。

（2）电器起火：家用电器或线路着火，要先切断电源，再用干粉或气体灭火器灭火，不可直接泼水灭火，以防触电或电器爆炸伤人。（干粉灭火器操作方法：① 上下颠倒摇晃使干粉松动；② 拔掉铅封；③ 拉出保险销；④ 保持安全距离，即距离火源约 2 ~ 3 米，左手扶喷管，喷嘴对准火焰根部，右手用力压下压把。）

（3）油锅起火：油锅起火时应迅速关闭炉灶燃气阀门，直接盖上锅盖或用湿抹布覆盖，还可向锅内放入切好的蔬菜冷却灭火，将锅平稳端离炉火，冷却后才能打开锅盖。切勿向油锅倒水灭火。

（4）燃气罐着火：用浸湿的被褥、衣物等捂盖，并迅速关闭阀门。

【安全互动问答】

（1）冬天晚上宿舍熄灯后，小王宿舍的几位室友喜欢在被窝里面抽烟。如果你是小王，应该怎么做？

（2）小孙在教室里面使用大功率吹风机导致插线板起火，你刚好在旁边，应该怎么做？

第五课　溺水危机应对

溺水又称淹溺，是指人体淹没于水中，呼吸道、肺部为水堵塞，严重者可因呼吸衰竭、心跳停止而死亡。

在中国，意外伤害是 0 ~ 18 岁青少年儿童的首要死因。每年全国有 50 000 余名儿童因意外伤害而死亡,平均一天就有近 150 人。青少年儿童伤害死亡只是伤害的冰山一角，在每一位死亡者背后，还有着上百青少年儿童因此而终身致残。意外溺水在青少年儿童意外伤害中占比最高，10 个因意外伤害而死亡的 0 ~ 18 岁青少年儿童中，有近

6个是溺水身亡的。当青少年儿童溺水时，2分钟后便会失去意识，4～6分钟后身体便遭受不可逆转的伤害。

2015级学前教育（二）周霜　绘

【案例引入】

（1）2017年8月5日17时左右，成都市某中专学校17岁的少年在游泳时不幸溺水。18时左右，救援人员终于在水中找到了少年，不幸的是，少年已经死亡。

（2）2017年8月17日上午8时许，重庆武隆一名14岁女孩在乌江边玩耍时不慎落水。虽然救援人员尽快赶到救援，但遗憾的是，小女孩因为溺水时间过长，被救上岸时已没有了呼吸。

（3）2017年6月某日20时，成都市某中学三名学生翻墙外出游泳，在游泳中两名学生发生溺水事故死亡。

（4）2017年5月，成都市某中专学校五名学生相约去河道里面游泳。在游泳过程中一名同学因腿部抽筋发生溺水现象，其他同学去施救，结果施救的同学又有3人发生溺水，最后造成4人死亡。

【案例解析】

（1）家长防患意识不强，未能尽到监护人的职责。有的家长白天一早到城里务工，傍晚甚至加班到半夜才回来，对孩子的活动去向一无所知。而有个别家长明明知道孩子是去河边游泳，但认为在过去的年代自己经常去河边游泳也无大碍，心存侥幸，听之任之。

（2）不懂珍惜生命。学生无视生命的珍贵，一副天不怕地不怕的架势，上山下河，无所不能，无处不到。他们没有认识到生命来之不易，没有树立正确的生命价值观，缺乏安全防范的意识。

（3）无游泳技能。学生游泳技术不高甚至不会游泳，一旦落水，无游泳技能的学生在水中是寸步难行的，即使懂得一点点技术，若长时间在水中运动，体能也会迅速下降，危险随之而来。

（4）盲目下水施救。结伴游泳时，看到同伴溺水，未采取正确营救方式，而是直接跳到水中进行施救，导致人没救成，自己也发生溺水事故。

【安全应对】

（1）不独自外出游泳，不到陌生水域游泳，游泳尽量到室内有救生员的游泳池。

（2）同伴发生溺水现象时，冷静正确地采取营救措施，不盲目施救。

（3）加强游泳安全教育，树立溺水危机意识。

（4）游泳前做好准备活动，避免游泳时身体痉挛和腿部抽筋。

（5）掌握正确的溺水急救措施，对溺水人员进行正确的急救，做好心肺复苏和呼吸管道污物清理。

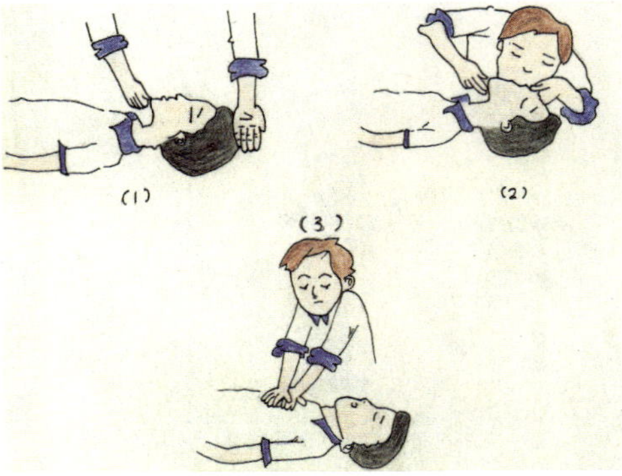

2015 级学前教育（二）周霜　绘

【安全互动问答】

（1）你和小明一起外出去某陌生水域游泳，小明跳入水中后就发生溺水事故，你该如何应对？

（2）外出郊游时，小王洗菜不小心跌落湖泊中，你该如何应对？

（3）小王不小心跌落水中，经大家营救后救起，但小王已经昏迷，心跳减缓，你该如何应对？

第六课　各种意外救护

一、正确拨打应急救护电话

我们在学习生活和工作中，在遇到意外需要救护时，拨打救护报警电话是一种有效的救护方法。下面介绍一些救护报警常识。

（1）110 报警服务电话：当财产、人身、生命受到不法侵害或遇到自然灾害意外事故，自身不能解决，需要公安机关提供帮助时，可以立即拨打 110。

（2）122 报警服务电话：当发生交通事故或交通纠纷时可以拨打 122。

（3）119 报警服务电话：发现火情时根据实际情况及时拨打 119。

（4）120 报警服务电话：当需要急救服务时应立即拨打 120。

2015 级学前教育（二）张梦茜　绘

拨打报警服务电话注意事项：110、122、119、120 报警电话是群众应急救护专用电话，必须在遇到紧急情况时拨打，不能随意拨打。虚报、谎报险情的，公安机关将按照相关规定严肃处理；构成犯罪的，依法追究刑事责任。报警时要讲清楚发生险情的时间、地点、方位、险情的轻重及报案人的姓名和联系方式，力争做到最有效的救护。

二、外科急症的救护

外伤在我们生活中是非常普遍的现象，掌握一些外科急症的救护知识非常重要。下面介绍一些外伤救护常识。

1. 肢体脱臼、骨折的救护

一旦发生脱臼或骨折，保持安静，不要活动，更不可揉搓受伤部位，也不要挪动患部，应尽早联络救护车到医院治疗。

2. 肢体刀伤、断离的救护

刀刺入体内，严禁拔出，应在刀跟的周围用消毒纱布垫压，用纱布包绕伤口四周，胶布贴牢，尽快送医。当遇到肢体断离事故，请不要惊慌，先用消毒纱布包裹断离肢体，再将断离肢体放入干净消毒塑料袋，封口后放入冰水或有冰块的保温杯中，同时将残端包扎好后带上断离肢体赶往医院急救。

2015 级学前教育（二）陈晓梅　绘

3. 外伤止血的救护

外伤出血在我们生活中是常见的现象，但血液是维持生命的重要物质，如出血量达总血量的 40% 时，人就有生命危险。外伤出血是最需要紧急救护的，学会包扎止血，能保护伤口，减少感染机会。现场包扎要仔细检查伤口的位置、大小、深浅、污染程度及异物特点。包扎伤口动作要快、准、轻、牢，部位要准确、严密、不遗漏伤口，动作要轻，不要碰撞伤口，以免增加病人的疼痛和出血量。要牢靠，但不宜过紧，以免妨碍血液流通和压迫神经。伤口小而浅的，消毒包扎即可，对于较深的伤口，一定要到医院消毒，同时还应在 24 小时内注射破伤风抗毒素针剂或人破伤风免疫球蛋白针剂，以预防感染破伤风。

总之，懂得常见外伤的急救处理，科学正确积极地自救，意味着能争取有效救治时间，延长生命、保证健康。

三、内科急症的救护

1. 腹疼的急救

腹疼是常见的症状，也非常复杂，腹疼时可以这样救治：两腿屈曲侧卧，以减轻腹肌紧张度，减轻疼痛。同时观察腹疼的性质、部位、发作时间、伴随症状，尽快查明病因。病因不明时不要热敷或冷敷，也不要用止痛药，以免干扰疼痛的性质而误诊，同时应及时到医院急救。

2. 中暑的急救

在烈日下或高温环境中工作，身体调节体温的能力不能适应，体内产生的热能不能适当地向外散发，积聚而产生高热称为中暑。患者先有头痛、眩晕、心悸、恶心等症状，随即出汗停止，体温上升，如不及时抢救可致昏迷而死亡。在高热环境下出现中暑症状，宜先将患者移至阴凉通风处，饮用含盐饮料，静脉滴注生理盐水 500 ~ 1000 毫升；或速将患者抬到阴凉处，迅速针刺或指压人中、内关、足三里等穴位，还可静脉滴注 5% 糖盐水。严重者应立即送医院急救。

2015 级学前教育（二）陈晓梅　绘

3. 醉酒的急救

醉酒轻者头晕、头痛、步态不稳，严重者呕吐、哭笑无常、昏睡不醒，甚至会因呼吸中枢麻痹而死亡。这些都是酒精中毒的表现。轻度中毒者眼部充血、颜面潮红或苍白、头晕头痛、兴奋、言语增多，应让其喝些醋水（将食醋加入温开水）或吃些新鲜水果（如西瓜、萝卜等）。中度中毒者动作笨拙、步履不稳、言语含混、语无伦次，应喝些醋水或白开水，然后用手指等刺激咽部，将胃内食物及酒吐出，减少体内对酒精的吸收，必要时洗胃。然后让其静卧，并要注意保暖。重度中毒者躁动不安或昏睡不醒、皮肤湿冷、口唇发紫、心跳加快，甚至抽搐、昏迷，这时要急送医院治疗。

四、心肺复苏的救护

在日常生活中，当遇到病人心脏骤停，又没有专业人员指导和任何抢救设备时，抢救患者的生命应采用心脏复苏的救护方法。大量事实表明，心跳停止时间 4 分钟内进行心脏复苏有 50% 的人可被救活。心脏复苏是挽救生命，使其恢复心跳和呼吸，避免脑损伤的一项急救技术，它主要包括人工呼吸和胸外按压两方面内容。

（一）人工呼吸的操作方法

1. “口对口式”人工呼吸

（1）用手指捏住病人的鼻子，深呼吸后用嘴封住病人的嘴，缓慢持续吹气。

（2）吹气后立即与病人口部脱离，抬起头，手送鼻，侧身吸气并观察病人的胸部变化。如果人工呼吸成功，患者隆起的胸部会自然下落，并能听到病人呼气声。待患者胸部回落到正常位置后，再进行下一次。

（3）施行人工呼吸的频率为：成人每分钟 14 ~ 16 次，儿童每分钟进行 20 次。每次吹气 1 ~ 1.5 分钟。反复进行，直到病人有自主呼吸。

2. “口对鼻式”人工呼吸

当患者口腔内有血液及其他分泌物或损伤时，不能使用上一种方法，可将病人的嘴封住，进行口对鼻式人工呼吸。

（二）胸外心脏按压操作方法

（1）上身前倾，双臂伸直，双手交叉，手掌根部放在患者胸骨的中下处，垂直向下按压。

（2）用力均匀，不可过猛，按压深度成人约 4 ~ 5 厘米，频率为 60 ~ 80 次/分钟。

（3）每次按压后要全部放松，使患者胸部恢复到正常位置，但手掌根部不要离开，以免改变按压位置，并坚持到患者意识恢复或医疗急救人员到来。

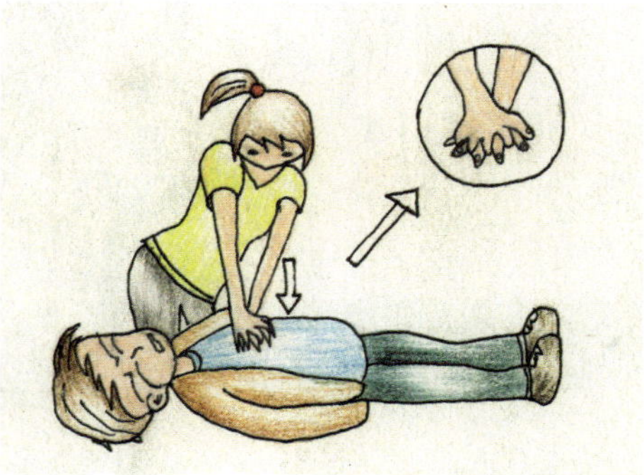

2015 级学前教育（二）张梦茜　绘

在互助的社会里，如果今天我们具备抢救别人的能力，也许明天获益的就是我们自己。

第三单元

社会安全篇

第一课　远离校园欺凌，正确处理纠纷、斗殴

一、远离校园欺凌，教育部决定这么做！

2018 年 4 月 20 日，国务院教育督导委员会办公室印发《关于开展中小学生欺凌防治落实年行动的通知》，决定在 2018 年开展中小学生欺凌防治落实年行动，推动形成学生欺凌防治工作长效机制，有效遏制学生欺凌事件发生。什么是学生欺凌？对欺凌行为如何处罚？如何防治学生欺凌？我们一起来看！

【明确学生欺凌防治工作机构】

各教育部门要明确学生欺凌防治工作机构，明确学生欺凌防治工作负责人和联系人，制定学生欺凌防治工作实施方案，并在本单位官方网站公开学生欺凌防治工作信息(含工作机构名称、办公电话、实施方案)。

【多部门落实分工齐抓共管】

各教育部门要协调组织相关部门建立健全防治学生欺凌工作机制，推动综治、法院、检察院、公安、民政、司法、人力资源社会保障等部门及共青团、妇联、残联等组织落实职责分工，加强协作，共同治理。

2015 级学前教育（二）张梦茜　绘

【成立学生欺凌治理委员会】

学校要成立学生欺凌治理委员会，明确工作职责和工作方式；明确学校相关岗位

教职工特别是法治副校长或法治辅导员防治学生欺凌的工作职责和具体任务；明确学生欺凌的早期预警和事中处理及事后干预的具体流程；在校规校纪中明确不同程度欺凌情形的处罚规定。

【开展学生欺凌专题教育】

学校每学期至少开展一次学生欺凌专题教育，结合思想道德教育、法制教育和心理健康教育，普及防治学生欺凌知识和反欺凌技能。开展针对全体学生的防治学生欺凌专项调查，及时查找可能发生欺凌事件的苗头迹象或已经发生、正在发生的欺凌事件。

2015 级学前教育（二）张梦茜　绘

【落实处置程序】

学校要细化调查处理欺凌事件、判定欺凌事件严重程度和教育惩戒欺凌实施者、安抚保护欺凌受害者的具体流程和办法。县级教育行政部门要细化欺凌事件处理申诉和复查程序。各教育部门和学校要依据管理权限，对本地本校学生欺凌事件及处置情况建立专门档案。

【明确学生欺凌的界定】

中小学生欺凌是发生在校园(包括中小学校和中等职业学校)内外、学生之间，一方(个体或群体)单次或多次蓄意或恶意通过肢体、语言及网络等手段实施欺负、侮辱，造成另一方(个体或群体)身体伤害、财产损失或精神损害等的事件。

【预防举措】

一是要求学校切实加强教育，通过每学期开学时集中开展教育、在道德与法制等课程中专门设置教学模块等方式，定期对中小学生进行欺凌防治专题教育。

二是组织开展家长培训，引导广大家长增强法治意识，落实监护责任，了解防治学生欺凌知识。

三是严格学校日常管理，加快推进校园视频监控系统、紧急报警装置等建设，建立健全防治学生欺凌工作各项规章制度。

四是定期开展排查，针对全体学生开展防治学生欺凌专项调查，及时查找可能发生欺凌事件的苗头迹象或已经发生、正在发生的欺凌事件。

【惩戒措施】

（1）情节轻微的一般欺凌事件，由学校对实施欺凌学生开展批评、教育。

（2）情节比较恶劣、对被欺凌学生身体和心理造成明显伤害的严重欺凌事件，学校在对实施欺凌学生开展批评、教育的同时，可请公安机关参与警示教育或对实施欺凌学生予以训诫。

（3）屡教不改或者情节恶劣的严重欺凌事件，涉及违反治安管理或者涉嫌犯罪的学生欺凌事件，处置以公安机关、人民法院、人民检察院为主。

二、纠纷、斗殴危机应对

纠纷、斗殴是不管在校内还是校外都极其常见的事件。发生在校园里的打架斗殴往往从一般的口角、纠纷发展到拳打脚踢，甚至舞刀弄棒伤人，严重时发展成为聚众斗殴和伤害事件。

更为不乐观的是，部分职校学生受到社会风气的影响，崇尚所谓的“江湖义气”，不分青红皂白地偏帮自己的“兄弟伙”，对人不对事，甚至怂恿当事人将事态进一步恶化，产生更严重的后果。

2015 级学前教育（二）黄珍　绘

校园外的纠纷一般是由校内纠纷升级成校外斗殴。发生在校园外的纠纷、斗殴事件大都有社会青年的参与，这类青年多因为辍学在家而无所事事。个别学生为追求一种报复的“快感”，往往乐意找他们“帮忙”解决自己在学校里的矛盾，彰显自己的“能力”，从而引发更为严重的后果。

【案例引入】

（1）某校学生贺某（女）被传与别班男生谢某有亲密关系，贺某男友感觉“被戴了绿帽子”，伙同同班同学将谢某“请”到厕所将其一顿毒打。谢某的女友小刘同样无法接受自己男友被打，在同班同学的怂恿下，将贺某叫到楼梯口，扇了贺某三个耳光。

（2）某日下午，小王和他的同班同学小何打篮球时发生口角，并发生肢体冲突。围观的学生中与小王关系好的同学“看不下去了”，帮助小王将小何“收拾”了一顿，演变成了聚众斗殴。

（3）YY 高中高三学生小李（男）与 XX 高中女生谈恋爱，某日偶然得知该女生在 XX 高中还有一个“蓝颜知己”，便觉得受到侮辱，伙同几名社会青年去 XX 高中将其殴打，并不慎用刀将其捅伤。

2015 级学前教育（二）黄珍　绘

【案例解析】

青少年正处于价值观念形成的阶段，缺乏经验和明辨是非的能力，易于受到挑唆，自控能力差，脾气火爆且喜欢用暴力解决一切事情。他们对于影视作品中的一些暴力或色情内容缺乏正确的认知，盲目地跟风和模仿，导致在校园里遇到同样的事情时就同样用暴力去解决此类事情，否则就会觉得“掉面子”。而在校外斗殴事件中，青少年通常由于担心被害人反抗，觉得一个人势单力薄，所以会纠结几个人同行，对被害人实施暴行。现代学生由于法制意识淡薄，对法律不是特别清楚，因而容易触犯法律。

【预防举措】

（1）多与学生沟通。老师应该多与学生沟通交流，使其明白生命的可贵，并懂得尊重他人。平等对待每一位同学，做他们的知心好友，在学习、生活中为他们排忧解难，使其保持乐观向上的心态。

（2）加强法制教育。学生应当加强法制观念，知法懂法，增强法制意识和自我保护意识。学校可以邀请公安局刑警用实际案例对学生进行教育，引导学生从思想上深刻明白打架斗殴的危害。

（3）加强学校周边的综合整治。联合公安机关加强对学校周边的巡视，尤其是烟草店附近。对于出现在学校周围的“不良青年”应多留意他们的动向以此来保护学生的安全。

【安全应对】

（1）不冲动。与同学发生了不愉快的事情，切记不要冲动地妄下论断，应该冷静下来，去思考怎么解决此次事件。必要时寻求老师的帮助，不要意气用事，将小事变大，把事态推向更严重的方向。

（2）不参与。不要因为兄弟义气而参与其中，将祸水引到自己身上。应该找借口离开事发现场，比如，“我的班主任刚刚打电话找我，我过去一下”，或是“我肚子痛，去上个厕所”等说辞。

（3）学会化解，晓以利害。不管是当事人或旁观者，都应该积极地去化解矛盾，而不是升级，学会“大事化小，小事化了”。必须明白其中的利害关系，知道发生打架事件后需要承担的后果，明白打架是百害而无一利的。

【安全互动问答】

（1）如果你与同学之间发生了不愉快的事情，你应该如何处理？

（2）当你的好朋友与别人发生矛盾，准备叫上你一起去殴打对方时，你应该怎么做？

（3）某日，你在放学途中遭到社会青年要挟，让你将自己的生活费分一些给他们用，这时你会选择用暴力来解决还是及时报警呢？

第二课　交通危机应对

上学、放学途中的交通安全是每个学校都要强调的重点内容。因为多数学生是未成年人，对很多交通安全规则是一知半解的。据了解，我国学生仅骑车事故每年平均达 4000 余起，给社会、家庭都带来极大的不幸和损失。由于社会的发展，网约车越来越多，如滴滴打车、神州专车、美团专车等，部分学生会选择乘坐网约车。那么，面对这样一种情况，学生又该如何来保护自己呢？

2015级学前教育（二）黄珍 绘

【案例引入】

（1）放假回家途中，小张、小何和小刘三人准备去小吃街吃点东西，小张使用电瓶车搭载了小何和小刘两人。在转弯时，小张把控不了车头，撞上了停在路边的小轿车。

（2）小周准备在车站搭车回家，可是到了车站才发现由于周五放学，坐车的学生很多，他就像以前的每个周五一样去车站外面等车出来，和他一起等车的还有4个学生，于是本来只能坐7个人的面包车，坐了整整12人。结果悲剧发生了，这辆面包车在转弯时侧翻。

（3）职高高三学生小美（女）在网上约了一辆车准备回家，但司机打电话来说因为时间太晚了，需要加钱，小美不同意，便搭乘了一辆没有牌照的车回家。路途中，司机对小美进行了猥亵。

【案例解析】

青少年学生在道路上行走，往往注意力不集中，东张西望、玩手机、边走边看书报或做其他事情，不走人行道，不靠路边行走；结伴外出时，也容易出现相互追逐、打闹、嬉戏的现象；在没有交通民警指挥的路段，不避让机动车辆，甚至出现与机动车辆争道抢行等，这些行为都是极其不安全的，悲剧也往往因此而发生。

【安全应对】

（1）红灯停，绿灯行，千万不能边走边玩手机。

（2）学生上下学由家长接送，严禁学生骑电瓶车，不提倡骑自行车上下学。

（3）外出时，一定要搭乘正规的有营运资质的车辆，严禁乘坐超载车辆，严禁搭乘无载客许可证、资格证的车辆。

（4）不准在公路上玩耍、嬉闹，不准在道路中间招呼车辆。

（5）机动车在行驶中不准将身体的任何部位伸出窗外，乘坐私家车、营运客车（不包括公交车）等，不准站立。

（6）不强行上下车，做到先下后上，候车要排队，按秩序上车。

（7）乘坐网约车时一定要将车辆信息等发送给父母或是朋友。

2015 级学前教育（二）黄珍　绘

【安全互动问答】

（1）在放学途中，你可以使用电瓶车搭载你的同学一起回家吗？

（2）放学途中，你着急回家，这时有一辆已经坐满乘客的车开到你面前，叫你上车，你应该怎么做？

（3）搭车时，你发现这辆车没有牌照，你应该怎么做？

第三课　校园内外敲诈勒索危机应对

敲诈勒索是以非法占有为目的，对被害人使用威胁或要挟的方法，强行索要公私财物的行为。敲诈勒索的行为只要数额巨大或者发生多次，就能构成犯罪。校园安全是学校的重中之重，我们要防止同学之间出现敲诈勒索的现象，并懂得如何应对。

2015 级学前教育（二）陈晓梅　绘

【案例引入】

（1）放学路上，丁丁骑着自行车回家，突然被后面的一辆小汽车不轻不重地撞倒在地。“真是对不住，你受伤了吧?我马上送你到医院去。”有两个男子连忙下车，样子很焦急地问。丁丁见只是擦破点皮肉，并无大碍，就说：“不用不用，我还要赶路，不用去医院了。”但他们还是十分热情地催促：“还是让医生检查一下吧，万一有什么内伤，我们也负不起责任!”丁丁一听也有道理，就跟着上了他们的车，万万想不到这是一辆“贼车”，自己成了歹徒向家人勒索的筹码，差点丢了一条小命。

（2）2015 年 10 月的一天，某职校生邵某因不堪同班同学张某、王某和李某的敲诈勒索，在家中服下大量安眠药自杀，幸亏被家人及时发现并送医院抢救才脱离危险。事后得知，自上半学期开始，张某等人就不断地向邵某索要钱款。之后张某等人变本加厉，向邵某索要 500 元，邵某以“我没这么多钱”为由一天天拖着。一天下午，张某喊住邵某，当着许多同学的面说：“明天再不给就不客气了!”弄不到钱的邵某不敢到校上课，连续 10 天在外游荡。邵某的妈妈知道她旷课后很生气，责令她写一份检查，邵某便把事情的前前后后写了下来，然而妈妈因为有急事要外出，没有来得及看。晚上八点左右，邵某翻出奶奶的药包，找到一瓶安眠药，将药片全咽了下去。当邵某被抢救苏醒过来后，问邵某，对同学张某等人的敲诈她为何不告诉老师，她答道：“曾经告诉过老师，但更倒霉，他们知道了更加报复我。”

【案例解析】

校园敲诈勒索随时都有可能发生，大部分发生在大课间、午休和下午休息时间以及晚自习下课后；发生的地点大多在学校的隐蔽之处，比如厕所、操场角落，寝室等没有安装摄像头的地方。敲诈勒索案件引发的学生伤害案件，轻则影响心理健康发展，重则引发生命伤害，因此，应当引起师生的高度重视。首先，学校老师要尽到教育和管理义务，教育学生懂得自我保护，告诉学生遇到危险如何躲避和斗争；对学生要加强管理，防止以大欺小、敲诈勒索等校园不安全事件的发生。其次，学生要懂得如何应对，遇到歹徒敲诈勒索，不能急躁，不能硬拼，也不能一味顺从。硬拼的结果会导致无谓牺牲，一味忍让顺从将会招致无穷后患。要牢记，遭遇打劫一定要告诉学校班主任老师和家长，一定要报警。

【安全应对】

（1）聪明应付。遇到敲诈勒索，要随机应变，保持头脑冷静，生命安全第一，和对方周旋，找机会逃脱。

（2）不要轻易答应对方的要求。遇到有人向你敲诈勒索钱物，你暂时又无法脱身时，不要轻易答应对方的要求，可以借口身上没钱，另约定时间地点再“交”。如果马上屈服于对方，使敲诈者轻易得手，他们会永远盯上你这只“肥羊”。

（3）立即报告学校和公安机关。遇到敲诈勒索后立即报告学校和公安机关。要相信警方、学校和家庭都能为你提供安全的保护，只有这样，坏人才不敢威胁侵害你。

（4）结伴而行。不走夜路、人烟稀少的路等，每天最好结伴而行，不给对方敲诈勒索你的机会。

【安全互动问答】

（1）同学小东邀请小明到附近电子游戏机室去玩，小明经不起小东的鼓动，跟着他进了一家横街窄巷内的游戏机室。刚玩了一会儿，几个凶神恶煞的“大哥”就围了上来要向他“借钱”，小东此时不知为什么不见人影了，小明只好掏出了身上的一百多元。同学们，如果你遇到了此类问题，该怎么办呢？

（2）当你在班上或者学校，遇到有人要求你给他现金或者充值游戏币时，你该如何应对？

第四课　盗窃危机应对

盗窃是指一种以非法占有为目的，秘密窃取国家、集体或他人财物的行为。它是一种最常见并且是师生最为深恶痛绝的违法犯罪行为。其中，数额较大的（一般在 1000 元以上）称为刑事案件中的盗窃案，数额较小的按治安案件的偷窃案查处。预防和打击学校盗窃案，不仅是公安机关和学校保卫部门的重要任务，也是每个学校应尽的责任和义务。

2015 级学前教育（二）周霜　绘

在学校盗窃中，作案者常偷盗手机、现金、银行卡、饭卡、衣物等，价值不等，导致同学之间产生矛盾，让学生没有安全感。所以，我们要通过学习，增强学生的防盗意识，加强学生法律知识教育，以防学生误入歧途。

2015 级学前教育（二）周霜　绘

【案例引入】

（1）2017 年 11 月 14 日，小红陪着闺蜜小娟到 ATM 机上取钱，两人一起毫无避讳，一起拿卡一起输密码取钱。第二天，小娟的银行卡不翼而飞，报警后警察到银行查看视频，才发现取款者正是她的闺蜜小红。

（2）2018 年 3 月 13 日，同学们依次到操场做课间操，有两位同学缺席，偷偷躲在教室里。他们知道教室前方有监控，于是有一人拿一件校服去遮挡摄像头，另外一人就到一个同学课桌前盗窃了抽屉里的一部手机。

【案例解析】

校园盗窃案件最容易发生的时间是：新学期开学时，新同学互不相识，同学间互相串门，容易发生盗窃事件；放寒暑假、国家法定节假日前，有些同学想趁着放假捞一笔；在炎热的夏天，同学们开门、开窗睡觉，也容易发生盗窃；在学校举行集体活动或者集会时，有些同学就趁着不出席活动的机会行窃。盗窃地点一般发生在教室、寝室等地方，所以要教育学生不能将贵重物品放在这两个地方。校园盗窃作案者通常趁着他人离开或者比较混乱的时候盗窃。盗窃财物价值不等，给学生和家长带来不同程度的伤害。所以学生应该有防盗意识和法律意识，以免酿成大错或者受到严重损失。

【安全应对】

（1）不带贵重物品到校。与学习无关的物品，尽量放在家里，不带手机到校，不带饰品到校，以免给盗窃者偷盗的机会。

（2）财不外露。管理好现金、银行卡、饭卡等，不要随意丢放，不要拿出来在同学面前显摆。

（3）不告知别人密码和贵重物品存放处。妥善保管密码和财物，再好的朋友也要保密，防人之心不可无。

【安全互动问答】

（1）小强在寝室厕所里洗澡，可是洗完出来，发现自己的钱和手机都不见了。小强该怎么办呢？

（2）小翠是外地学生，就带了银行卡到学校。周末小翠才取了一周的生活费，可是等到下周她去取钱时，银行卡里的钱却不翼而飞。小翠该怎么办呢？

第五课　高利贷危机应对

近年来，在校学生由于还不起校园贷而自杀的新闻层出不穷，如今校园贷极易成为“高利贷”。很多学生有借贷需求，却不具备认清借贷、规避风险的能力。同时，一些不规范的借贷平台抓住了学生的这一弱点，降低贷款门槛、隐瞒资金标准、诱导过度消费，使他们陷入借贷陷阱，拆东墙补西墙，难以自拔。

2015 级学前教育（二）黄珍　绘

【案例引入】

（1）借款 4 万，却欠下了 100 万元。

因为借款 4 万元，最终却背上了超 100 万元的负债。“这事如果不是发生在我儿子身上，我都不信。”上海的侯先生近日报料，儿子小侯遭遇高利贷，在民间金融人士层层套路下，不断拆东墙补西墙，半年时间竟欠下 100 多万元的债。

事情发生在 2017 年 6 月，在上海读大二的小侯收到一条“校园贷”的短信，称可以为学生族提供分期贷款。因恰好手头紧，小侯动了借款的心思。“在上学的时候有兼职，就想着先借了然后慢慢还掉。”小侯说，他没想到的是，正是这条短信让他走上了一条不归路。

（2）瞒着家长借“校园贷”，日息高达 10%。

同样因为儿子借款欠下一身债务的还有在广东务工的武先生。“看完山东的高利贷催收报道，我在想会不会有一天我也会被逼到这个份上。”

武先生表示，2015—2016 年，儿子瞒着他在 6 家校园贷平台以及 3 家私人借贷公司、1 家银行借款，至今利滚利欠下 10 多万元借款。

【案例解析】

在校学生的经济来源主要为父母提供的生活费，若学生具有攀比心理，且平时就有恶习，那么父母提供的费用肯定不足以满足其需求。因此，这部分学生可能会转向校园高利贷获取资金，并引发赌博、酗酒等不良恶习，严重的可能因无法还款而逃课、辍学。学生对银行业务、金融知识了解不够，防备心理不强，给不法分子可乘之机。一些学生受物质诱惑，希望赚取好处费或者攀比用高档手机、电脑等，辨不清真伪，盲目相信网上贷款会帮其解决资金问题，是犯罪分子容易得手的关键所在。

【安全应对】

怎样预防“校园贷骗局”？——十个凡是，揭秘骗局

（1）凡是声称可以帮助“办理小额分期、手机分期等一些用款业务”的。

（2）凡是声称网上办理贷款“手续简单，当天可以办理”的。

（3）凡是要求借款人以手持身份证裸体照片代替借条实施借款的。

（4）凡是声称可以“先拿钱后兼职还款”的。

（5）凡是声称介绍同学、朋友参加“校园贷”贷款，便可轻松赚得每单几百元上千元不等的“好处费”的。

（6）凡是声称“不需要任何抵押，动动手指就能借到钱”的。

（7）凡是不考察借款人的还款能力，不进行适当测评，就轻松放贷，发放小额现金的。

（8）凡是通过在校内寻找个别学生或辅导员老师，进行“校园贷”代理，发展“眼线”等方式实施手机 APP 借贷的。

（9）凡是声称可以找到内部人士发放助学金的。

（10）凡是声称“只需提供学生证和身份证即可办理”的。

【安全互动问答】

（1）假如你在浏览网页的过程中弹出下列图片，你怎么鉴别是否是正规贷款网页？

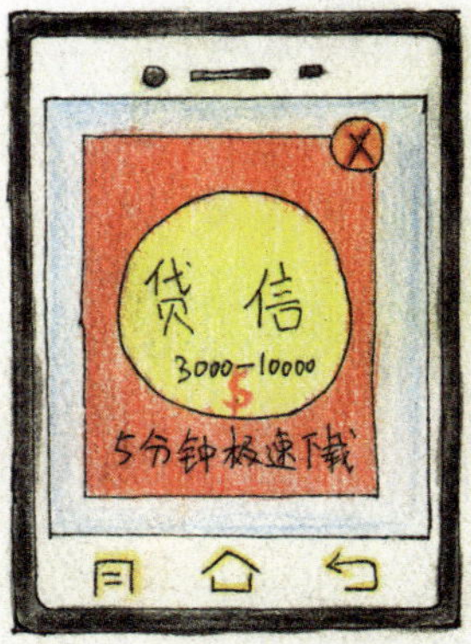

2015 级学前教育（二）黄珍　绘

第六课　旅行危机应对

有句网络流行语，叫做“世界这么大，我想去看看”。旅行可以增长见识，充实灵魂，开阔眼界，透亮心思。所以越来越多的学生喜欢去旅行，但由于学生外出旅行的经历较少，旅行的经验不够丰富，缺乏自我保护意识，所以旅行过程中会遇到很多棘手的问题。

2015 级学前教育（二）黄珍　绘

【案例引入】

（1）2017 年 7 月 2 日，某学校 9 名女生结伴外出旅行，在乘坐面包车从哈尔滨前往雪乡途中发生事故，造成 4 死 5 伤。

（2）2018 年 2 月 1 日，一起出发的 4 个年轻人，走上通往有禁攀令的玄武峰之路。一个刚进山就放弃了，另一个爬到 4900 米的大本营后放弃，继续攀登的韦某和黄某爬到了 5383 米的最高峰。但这一次，对韦某和黄某来说，不是站在山巅的骄傲，而是一次致命之旅。

【案例解析】

旅行安全，首要的是人身安全，然后才是财产安全。旅行安全管理实行“安全第一，预防为主”的方针。

（1）安全永远处于首要地位。在旅行活动中，安全处于首要地位，任何时候都必须把安全工作放在首位，丝毫不得懈怠。

（2）防范工作做在先。对于旅行活动中可能发生的安全事故，一定要把防范工作做在先，“预防为主”方针必须贯穿旅行活动的方方面面。

2015 级学前教育（二）黄珍　绘

（3）严格按照旅游安全规章制度行事。建立健全旅行安全规章制度，任何人员必须严格按规章制度行事，增强风险防范意识，切实了解一切安全隐患。

【安全应对】

（1）管好财物，不露富、不炫富。如乘坐公共交通工具，事先准备好零钱。不随身携带大量现金、贵重物品，也不在住处随意存放。

（2）遵规守则，过马路要走人行横道、过街天桥或地下通道。走人行横道时，遵守交通规则，确保安全时迅速通过，不要边看地图边过马路。

（3）减少夜行，远离偏僻街巷及黑暗地下道，夜间行走尤其要选择明亮道路。尽量避免深夜独行。

（4）安全坐车，选择正规的交通工具，不搭乘“黑车”，行车过程中系好安全带。

（5）最好结伴外出游玩、购物。赴外地、外出游泳、夜间行走、海中钓鱼、戏水时尤其要注意结伴而行。

（6）入住酒店，一定要对酒店有一个大概的了解，如果遇到陌生人敲门一定要提高警惕。

（7）不要吃来路不明的东西，不要喝陌生人递过来的饮料、酒水，更不能随便跟陌生人走。

【安全互动问答】

（1）张女士外出旅行时遇到一陌生人，该名陌生人一直打探张女士的个人基本情况（如家庭住址、电话号码、家里有几口人等）。假如你是张女士，该如何应对？

（2）当你想外出旅行，又苦于无人结伴而行时，你该怎么做？

第四单元

公共卫生篇

第一课　性骚扰危机应对

随着文明程度的进一步提高，人们对一些有关性内容的语言或行为日益反感，这种语言或行为就是我们通常所说的性骚扰。一般认为，只要是一方通过有有关性内容的语言或行为进行侵犯或暗示，从而给另一方造成心理上的障碍、压抑和恐慌的，都可构成性骚扰。在学习生活中，或在以后的职场中，我们都有可能遇到性骚扰。无论男性或女性，尤其以女性受到性骚扰的情况居多。据有关部门统计，有 40%～60% 的女性因此影响了她们的生活。

2015 级学前教育（二）覃青青　绘

【案例引入】

（1）今年高二的小由长相清丽，学习认真刻苦，但最近成绩下滑，性格变得暴躁，动不动就哭泣。班主任老师找到小由谈话后得知：小由的同桌小列，最近经常给小由发一些带有黄色内容的短信。小由曾对小列提出不要再发这些短信的要求，但小列的理由是为其减轻学习压力，依然我行我素。小由因此很苦恼，一看到小列就不由自主地感到反感，上课无心学习。小列对此也承认，但他认为他是为小由

2015 级学前教育（二）覃青青　绘

好。老师对此提出严厉批评，并将小由、小列的位置进行了调整。

（2）今年 16 岁的小非是职业学校的学生，每天上学、放学都要乘坐公交车。一天在公交车上一名 40 多岁的陌生男子一直往她身上靠。刚开始她以为是车上人比较挤，所以就没在意，便往外挪了挪，男子见她不作声，又开始挤到她身边，并对她动手动脚，情急之下她立即下了车。为了怕父母老师担心，她没有将此事告知老师。可是几天后，当她放学回家时，又在车上碰到了该男子，且这位男子迅速靠到了她的身边……回家后，她将此事告知了父母，但此后她再也不敢坐公交车了。

（3）琪琪跟小田是某中职学校的高二学生，两人在校早恋。琪琪在老师的批评教育下认识到错误，对小田提出了分手。小田不同意，且经常纠缠琪琪，还对琪琪做出摸手等亲密行为。遭到琪琪的极力拒绝后，小田便在偶遇琪琪时故意发出挑逗口哨和做下流动作，并向其他同学描述琪琪的三围，无中生有地吹嘘曾与琪琪发生亲密行为，并大肆描述其细节，使得琪琪在许多同学面前抬不起头。

【案例解析】

以上三个案例中分别出现了短信、行为、语言等方式的性骚扰，使得当事人不喜欢或反感，并出现了情绪及心理上的负担。那么，哪些行为属于性骚扰行为呢?在性骚扰的界定中，我们通常把性骚扰行为分为以下三种。①口头性骚扰：用暧昧眼光打量人，并用下流语言挑逗异性；经常有意无意地谈起与性有关的话题，对他人的衣着、外表、身材的描述总是与性联系在一起，或经常讲些色情笑话或故事。②行动性骚扰：故意接触、抚摸他人的身体，利用碰撞、拥挤等机会紧贴他人，或者强行与他人勾肩搭背，或者用手做一些下流动作。③环境性骚扰：故意营造一种不健康的环境，如在公共场合裸露身体，张贴具有淫秽色彩的图片、广告、宣传画等。

2015 级学前教育（二）覃青青　绘

【安全应对】

（1）要树立自立自强的意识。在学习生活中，树立自己自信自强良好形象，才会得到别人的尊重。

（2）消除自己贪小便宜的心理，不给别人可乘之机。不要随意接受陌生人或他人的饮料和食品。

（3）注重个人言行仪表。在着装方面，要注重符合自身形象，切不可过分暴露。同时在言行举止上，要懂得自尊自爱，不能与异性有过分亲密的行为，不要有轻佻、挑逗性的动作，以免造成误解。

（4）谨慎交友，保持距离。选择性参加社会活动，不与有不良性行为者来往；在交往中时刻提高警惕，对于不当或不舒服的接触行为，必须立即说“不”。任何人提出的性接触行为，必须断然拒绝。

2015 级学前教育（三）廖可儿　绘

（5）加强防范意识，关注所处环境。在校内外的各种场合，要随时注意避免遭受性骚扰的可能性，提高自我保护意识。减少夜间外出，外出一定要结伴而行。上学、放学路上选择人多、路灯亮的道路，尽量避免走偏僻偏远的小路。

（6）一旦遭遇性骚扰或者性侵害时，一定拿起法律武器保护好自己。

【安全互动问答】

（1）要避免受到性骚扰，平常我们在生活中需要注意什么？

（2）你知道性骚扰和性侵犯在本质上的区别和联系吗？

第二课　艾滋病的防治

每年的 12 月 1 日是世界艾滋病日，源于第一个艾滋病病例是在 1981 年 12 月 1 日确诊的。艾滋病的全称为获得性免疫缺陷综合征（AIDS），是由艾滋病病毒引起，该病毒的医学全称为“人类免疫缺陷病毒”（英文缩写 HIV），是一种由逆转录病毒引起的人体免疫防御系统方面的疫病。人体处于正常状态时，体内免疫系统对机体起着良好的“防御”作用，抵抗各种病原体的袭击。但受到艾滋病病毒感染之后，人体的这种良好防御系统便会受到破坏，防御功能减退，这时病原体经血行及破损伤口长驱直入。此外，身体中一些不正常的细胞，例如癌细胞，也同样乘

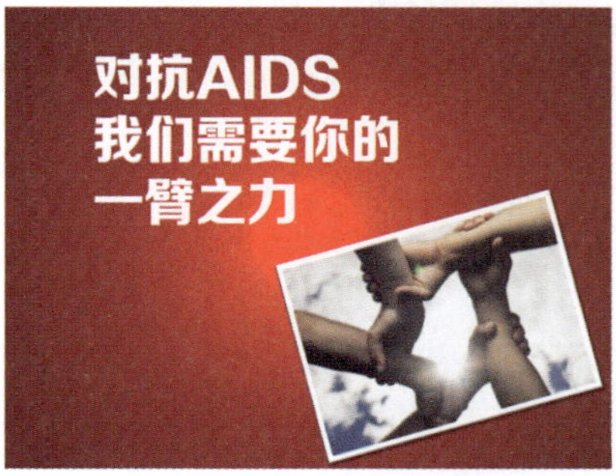

（图片来源于网络）

机迅速生长、大量繁殖起来，发展成各类癌瘤。也就是说，艾滋病病人主要表现为免疫系统受到严重损伤，机体抵抗力下降，以致诱发严重感染和一些少见的癌瘤。

【案例引入】

（1）某中学男生，家境一般，因学习压力大，迷恋上手机社交软件，并结识了一位大哥哥，这位大哥哥经常请他吃饭并送他礼物。一日，该生陪同大哥哥去宾馆午休时与其发生了性关系。随后他发现肛门附近长了异物，去医院检查发现是艾滋病病毒感染和尖锐湿疣。

（2）2018 年 3 月，警方抓捕了一位年仅 17 岁的吸毒女孩。这名女孩由于多次吸食摇头丸，被警方送到戒毒所强制戒毒。在随后的检查中，该女孩被确诊为艾滋病病毒感染。经过调查发现，该女孩在几个月前参加一次朋友聚会，服食了一种叫“K 粉”的毒品，随后脑袋一片空白，产生强烈的兴奋，被多名男子轮奸而浑然不知，其中一名男性是艾滋病病毒携带者。

【案例解析】

艾滋病已成为全球 10 ~ 19 岁青少年的第二大死因。中国 15 ~ 24 岁的青年学生中，艾滋病病毒感染者人数年均增长率达 35%。目前，性传播已成为青少年感染艾滋病的重要途径。青少年学会洁身自好，养成良好的生活习惯，才能远离艾滋病的威胁。

【安全应对】

（1）拒绝毒品，预防经注射毒品导致感染艾滋病。

（2）避免过早的性行为，如发生性行为，应使用安全套。

（3）避免不安全注射或输血，预防艾滋病经血液传播。

（4）正确认识艾滋病，不盲目恐慌。艾滋病通过性接触、血液和母婴三种途径传播。与艾滋病病毒感染者、病人的日常生活和一般接触不会感染艾滋病，如握手、拥抱、一起进餐、乘车、学习、郊游、玩耍、共用学习用具等。

（5）应当尊重和关心艾滋病病毒感染者、病人及受艾滋病影响的人，主动学习预防艾滋病的知识，并将掌握的知识告诉家人和朋友。

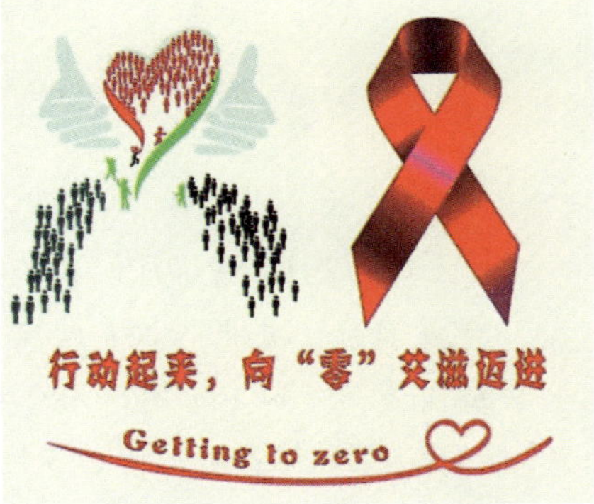

全面预防　积极治疗　消除歧视

（图片来源于网络）

【安全互动问答】

（1）对于不熟悉的人非常主动的示好，并欲发生过于亲密的行为，你会如何处理？

（2）如果你身边有艾滋病患者，你会如何与他们相处？

第三课　传染病危机应对

疾病分为传染性疾病和非传染性疾病两种。传染病是疾病种类中的一小部分，但它传播快，波及面广，危害大，特别是学校这样人员密集的场所，更易于各种传染病的传播和流行。

常见传染病有肺结核、流感、病毒性肝炎、麻疹、腮腺炎、水痘等。

结核病起病可急可缓，多为低热（午后更为明显）、盗汗、乏力、消瘦、女性月经失调等；呼吸道症状有咳嗽、咳痰、咯血、胸痛、不同程度胸闷或呼吸困难。

流行性感冒（简称流感）是流感病毒引起的急性呼吸道感染，也是一种传染性强、传播速度快的疾病。典型的临床症状是：急起高热、全身疼痛、显著乏力和轻度呼吸道症状。一般秋冬季节是其高发期，所引起的并发症和死亡现象非常严重。

病毒性肝炎是由多种肝炎病毒引起的以肝脏病变为主的一种传染病。临床上以食欲减退、恶心、上腹部不适、肝区痛、乏力为主要表现。有些病人可慢性化，甚至发展成肝硬化，少数可发展为肝癌。

2015 级学前教育（三）卢婧艾　绘

【案例引入】

（1）2018 年 4 月（2018 年 4 月 1 日 0 时至 4 月 30 日 24 时），全国（不含港澳台）共报告法定传染病 563 697 例，死亡 1424 人。其中，病毒性肝炎发病 134 147 例，死亡 47 例；肺结核 100 054 例，死亡 162 例；流行性感冒 28 592 例，死亡 3 例；其他感染性腹泻 75 664 例，死亡 2 例。

（2）国家流感中心网站公布的流感监测结果显示，自 2017 年 12 月份以来，全国流感流行强度不断增强，均进入流感冬季流行期，流感暴发，疫情较严重。来自复旦大学附属儿科医院的监测数据显示，在近期发热伴呼吸道症状的患儿中，流感病毒的检出率已高达50%~70%，以乙型流感为主。而近一周甲型流感也开始出现，之后将形成甲型乙型共流行的情况，预计将持续一个月。

（3）2017年10月12日，湖南省桃江县疾病预防控制中心发现桃江县职业中专学校1例肺结核确诊病例。经主动对密切接触者开展追踪和筛查，截至2017年11月19日，共发现该校8例肺结核确诊病例。所有患病学生已休学，并接受治疗和管理。

【案例解析】

从以上案例可以看出，传染病给人和社会带来的危害是巨大的，如不及时预防和治疗，就能迅速传播，威胁人们健康甚至生命。传染病的传染性有强有弱，传染期有长有短，传播途径也各不相同。在校园中其主要传播途径有：①空气飞沫传播，与患者近距离说话，或患者打喷嚏、咳嗽都有可能导致感染；②饮食传播，饮水、食物都有可能造成“病从口入”；③虫媒传播，如蚊子、苍蝇进入易感染者体内；④日常生活接触传播，患者的分泌物、排泄物或者日常用品，如衣服、毛巾、食具等都是传播源。

【安全应对】

（1）养成良好的卫生习惯，勤洗澡，勤洗手。

（2）注重饮食、饮水卫生，养成良好的饮食习惯；多喝水，多吃蔬菜水果，增加机体免疫能力。

（3）注意教室、宿舍环境卫生和室内通风，打扫时进行湿式打扫，防止灰尘飞扬；注意通风换气；教室、宿舍等人员集中的场所每天应开窗通风数次（冬天要避免穿堂风），保持室内空气新鲜，注意保暖。

2015级学前教育（三）卢婧艾　绘

（4）多进行户外运动，加强体育锻炼，增强身体抵抗力；充足休息，避免过度疲劳；天气变化，注意及时增减衣物。

（5）季节性流行性传染病高发期，远离密集人群，自备口罩。打喷嚏或咳嗽时应用手帕或纸巾掩住口鼻，避免飞沫污染他人，不要随地吐痰，不要随意丢弃吐痰或揩鼻涕使用过的手纸。

（6）避免与他人共用水杯、餐具、毛巾、牙刷等物品。

（7）在流感流行季节前接种流感疫苗也可减少感染的机会或减轻流感症状。

（8）每一年或半年进行一次体检，做到早发现，早隔离，早治疗。

2015 级学前教育（二）张梦茜　绘

【安全互动问答】

（1）为了预防流感等呼吸道传染性疾病，你认为在班级中我们应该怎么做？

（2）对患有肝炎疾病的同学，我们应该怎么避免被传染？

第四课　吸烟、酗酒的危害

一、青少年吸烟的危机应对

2015 级学前教育（三）卢婧艾　绘

据医学家研究表明，青少年正处在生长发育时期，各生理系统、器官都尚未成熟，对外界环境的有害因素的抵抗力比成年人弱，易于吸收毒物，损害身体的正常生长。据美国 25 个州的调查，吸烟开始年龄与肺癌死亡率呈负相关。若以不吸烟者肺癌死亡率为 1.00，15 ~ 19 岁开始吸烟者其死亡率为 19.68；20 ~ 24 岁为 10.08；25 岁以上为4.08。这说明吸烟开始年龄越早，肺癌发生率与死亡率越高。青少年吸烟比成年人的危害更大，中毒更深，对于青少年的健康成长非常不利，青少年一定要远离吸烟。

【案例引入】

（1）某高中学生小王称，一到课间男厕所里就烟雾缭绕，成群的男生叼着烟聊天，吸完烟就把烟头扔进厕所“毁尸灭迹”。回宿舍休息时间，个别舍友也会关上门窗，边聊天边吸烟。吸烟的现象不仅发生在厕所内，还出现在宿舍内，他被迫吸二手烟。

（2）某职校男生宿舍，一个房间内冒出一阵浓烟，宿舍管理员及时发现打开房门，一床被子正在燃烧。此时，宿舍里无一人，被子为什么会烧起来呢？追其原因：中午午休时间，某同学在宿舍里偷偷抽烟，宿管老师敲门巡查时，他来不及掐灭香烟，便顺手把烟塞进了被子里，宿管老师走后，他忘记检查烟头是否熄灭，就去上课了，险些酿成大祸。

【案例解析】

高中生的抽烟现象，不是个体行为，更多的是群体行为。课间，男同学聚集在厕所，互相散烟，抽烟聊天。据实验研究表明，一支香烟的烟碱可使一只白鼠致死，有人连吸了60支烟就当场死亡。吸烟不仅危害身体，对社会的危害也是非常大的，案例中的管理员如果没有及时发现浓烟，会产生严重的后果。

【安全应对】

（1）要增强自我控制能力，自觉抵制诱惑，拒绝第一支烟。

（2）发现身边有吸烟的同学，要敢于劝说、阻止。

（3）丢掉所有的香烟、打火机、火柴、烟灰缸，尽可能做些别的事转移注意力，改变或避开这种令自己想吸烟的情况，避免参与往常习惯吸烟的场所或活动。

（4）烟瘾来时，立即做深呼吸运动，或咀嚼无糖分的口香糖，避免用零食代替香烟，否则引起血糖过高，身体发胖。

2015级学前教育（三）卢婧艾　绘

【安全互动问答】

（1）小王平时不抽烟，在厕所偶遇同学偷偷抽烟，同学递给了他一支，说：“没事儿，抽一支又不会上瘾。”如果你是小王，你会怎么做？

（2）如果你身边有同学有抽烟的坏习惯，你看见了会制止吗？

二、酗酒的危机应对

青少年正处于生长发育时期，各个组织器官的发育尚未完全成熟，而饮酒对正常的生理功能及发育会带来严重影响。青少年的食管黏膜细嫩，管壁浅薄，经不起酒精的刺激，会引发炎症或使黏膜细胞发生突变；青少年胃黏膜也比较娇嫩，酒的刺激会影响胃酸及胃酶的分泌，使血管充血而导致胃炎或胃溃疡的发生；酒精进入人体后，要靠肝脏来解毒，而青少年的肝脏分化尚不完全，肝组织较脆弱，饮酒会给幼嫩的肝脏增加负担而破坏肝脏的功能，甚至引起肝、脾大；酒精能使生殖器官的正常功能衰退，如果经常饮酒，会使性成熟的年龄推迟 2～3 年。

【案例引入】

（1）一位家长向老师求助：“我的儿子自从结识了一群不三不四的小青年以后，就学会了饮酒，而且经常把酒量当作夸耀和攀比的资本，还学会了许多酒令，什么‘感情深，一口闷，感情浅，舔一舔’等。我们怎么劝说他、批评他都没用，家长说一句他顶十句，说什么‘酒能活血’‘御寒壮骨’，‘没有酒办不成事’，真是气死人了。上个星期，他甚至喝得酒精中毒，被送进了医院。可是，他才仅仅 15 岁啊！”

（2）小林是某校高一学生，平时父亲在家喜欢喝酒，小林看到后就想尝尝是什么味道。有一天，他趁家长不在家的情况下偷喝了家里的酒。酒后他没有去学校，而是偷偷跑到附近的网吧上网，并在网吧与人发生肢体冲突，其间竟拿出刀具，造成他人重伤，等待小林的将是法律的制裁。

【案例解析】

青少年染上了饮酒的习惯，很多缘于模仿成年人或影视作品中的某些边喝酒边吸烟的形象，认为是十分“酷”的表现。青少年年幼，自制力不足，喝起酒来不加节制，往往“烂醉如泥”，甚至染上酒瘾，沉沦其中。经常酗酒，对身心发育危害极大。酒精对中枢神经系统有很高的“亲和力”，长期的刺激可使人感觉迟钝，视力、听力、触觉都变得不如过去灵敏；酒精使记忆力减退，精力分散；酒精使人情绪变化

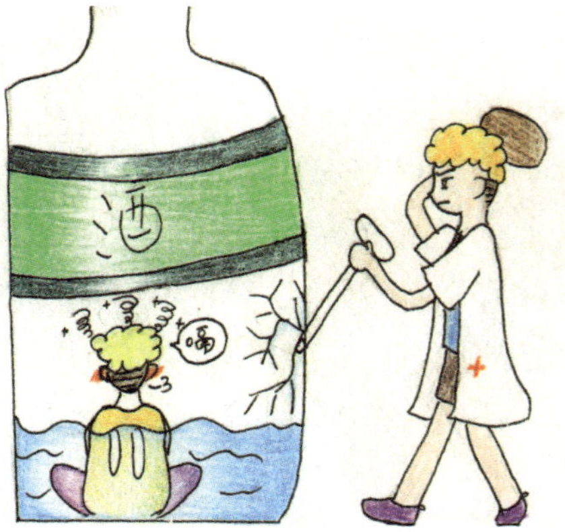

2015 级学前教育（三）卢婧艾　绘

无常、行为不受控制；酗酒还会诱使犯罪。

【安全应对】

（1）树立正确的人生观、世界观、价值观。保持个人身体和心理上的健康。

（2）和朋友在一起吃饭时，不要劝酒、哄酒；遇到他人哄酒时要积极劝阻，晓以利害。遇到别人向自己劝酒，则直言自己是学生，不会喝酒，千万不要“打肿脸充胖子”，以防酒精中毒。

2015 级学前教育（三）卢婧艾　绘

（3）当朋友或家人聚会时，遇到有人喝酒过量，发生较严重的酒精中毒情况时，一边要尽力催吐，一边要尽力送往医院救治。对于轻度醉酒者，可使其静卧，最好是侧卧，以防吸入性肺炎。注意保暖，并给予适量饮水。

【安全互动问答】

（1）小李平时不喝酒，一次同学聚会上，几年没见的同学敬他一杯酒，并说“今天特殊，喝一杯没事儿”，如果你是小李，你怎么做？

（2）如果身边有亲人或者朋友聚会喝酒后开车，你会怎么做？

第五课　毒品危机应对

近年来，化学合成毒品问题日趋严重。如冰毒、K 粉由于制造工艺简单，价格较低，发展势头强劲，吸食的人数也增长迅速，特别在歌舞厅等娱乐场所滥用情况严重。如今，毒品问题已成为全球性问题，与恐怖主义、艾滋病并称为当今世界三大公害。从目前来看，吸毒现象已波及社会各个层面，学生也难以幸免。很多孩子在十几岁的时候便开始吸毒，实在是让人触目惊心。而那些形形色色的新型毒品，也让人大呼意想不到！

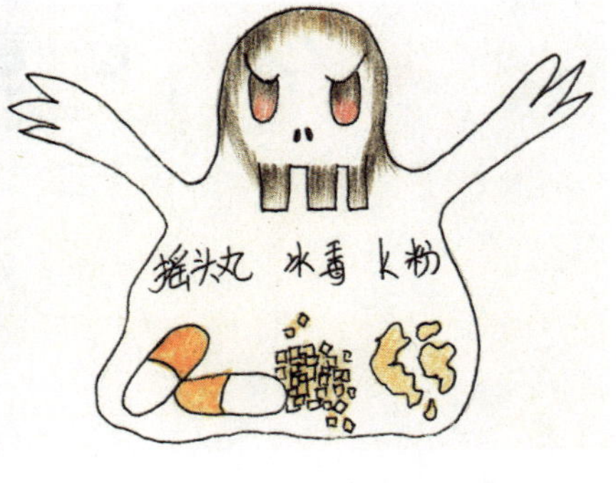

2015 级学前教育（三）卢婧艾　绘

哪些属于毒品？

毒品是指鸦片、海洛因、冰毒、吗啡、大

麻、可卡因以及国家规定管制的其他能够使人形成瘾癖的药品和精神药品。毒品又分传统毒品和新型毒品。传统毒品包括鸦片、吗啡、海洛因、大麻、可卡因等。新型毒品包括摇头丸、冰毒、K粉等。

【案例引入】

（1）小花是一个舞蹈过十一级的花季少女，长相甜美，在校学习成绩优异。她第一次吸毒是因为浑身酸痛，听人说吸了马上就不疼，如此便有了第二次、第三次。直到有一天她在家里犯了毒瘾，因吸食过量导致精神失常，在自家楼上失足跌落而亡。毒品扼杀了这个花季少女，埋葬了她的美好青春。

（2）小美是孤儿，与双胞胎弟弟相依为命。为了想要让成绩优异的弟弟能够有好的出路，她在读书期间做兼职，帮人家卖过餐具、鞋子、化妆品等，因工资低，频频换工作。后来，她在市区一家KTV做服务员，在那里她认识了提供冰毒的阿刚。"听人说这个没有瘾，还能减肥。我就'溜'了几次。"后来在阿刚的授意下，小美走上了贩售冰毒的道路。直到被民警抓获，小美才感到害怕。在法院审理阶段，小美从法官那里了解到了冰毒的危害，"听得我冷汗直冒。早知道这些，打死我都不会碰的。"事发后，小美学校的班主任老师积极帮助处理该事件。小美被拘役六个月，并要求强制戒毒。班主任老师说，她至今不敢告诉即将参加高考的弟弟，怕他受不了，影响学习。

（3）就读某高中学校的小陈，为了新潮和酷感，竟想出用吸食毒品为同学小丽庆祝生日。于是伙同班级另外两名男生在自己小区偷盗钱财购买毒品，一起到某水吧"分享"，被水吧老板发现后举报。后经检察院提起公诉，小陈因偷盗和容留他人吸毒，被法院判处三年零五个月。其爷爷受此打击，一病不起。母亲因无法相信儿子吸食毒品，患上重度抑郁症。目前父亲不能正常上班，在家照顾生病的爷爷和妈妈。

2015级学前教育（三）卢婧艾　绘

【案例解析】

在上述案例中，小花因听信他人“毒品可以止痛”的谬论而染上毒瘾，最终丧失生命；小美因结交到不良朋友，同时也因金钱诱惑，而走上被拘役的道路；小陈则因“赶时髦，装帅耍酷”走上偷盗和吸毒的道路，继而锒铛入狱。进入青春期后，毒品、酒、香烟的诱惑力会大大地增强。一旦吸毒成瘾，便会去从事偷、抢、拐、骗甚至卖淫等犯罪活动。以贩养吸、拉人下水、结伙犯罪更是屡见不鲜。青少年吸毒，不但会对其身心健康造成严重的危害，耽误学业甚至前途，还要承受亲朋好友、同事邻里所带来的讽刺、嘲笑。因为自己的孩子成了吸毒者，多少父母在几天内就愁白了头发，多少父母悲愤莫名。

2015 级学前教育（三）黄珍　绘

【安全应对】

面对吸毒带来的严重后果，正处于身心全面发展的青少年更应了解、认识毒品及毒品的危害，接受禁毒法律法规教育，懂得“吸毒一口，掉入虎口”的道理，从而远离毒品，热爱生命，珍爱家庭。

2015 级学前教育（三）卢婧艾　绘

青少年防范毒品，应做到“十个不要”。

（1）不要因好奇而吸毒。

（2）不要盲目追求时髦、贪图享受去吸毒。

（3）不要结交有吸毒、贩毒行为的人。

（4）不要为寻刺激、冒险去吸毒。

（5）不要相信毒品能治病(胃病、肝病)的谎言。

（6）不要为了摆脱烦恼而吸毒。

（7）不要听信吸毒者的话。

（8）不随便接受他人递送的香烟、水果、药物、饮料等物品。

（9）不要在吸毒场所停留。

（10）即使自己在不知情的情况下，被引诱、欺骗吸毒一次，也要珍惜自己的生命，不再吸第二次，更不要吸第三次。

【安全互动问答】

（1）当你身边有吸毒或贩毒的人员，你发现后应该怎么做?

（2）学校正在大力宣传毒品的危害，如果老师让你做一次主题班会，你将怎么策划?

第五单元

网络信息篇

第一课　网络不良信息危机应对

一、网络游戏

网络游戏能丰富学生的课外生活，缓解学生的学习压力。但是，对网络游戏过度沉迷，会造成学生的学习成绩直线下降，对学生的身心健康造成严重的伤害。长期玩网络游戏，对眼睛伤害很大，会造成视力直线下降，严重者会致眼盲；也会使学生的精神萎靡不振，沉迷于网络游戏血腥、残暴、仇视的情景之中不能自拔，造成学生的人性、人格分裂，做出常人不可预想的奇怪举动，给自己、给他人、给社会造成不良影响。

因此，如何正确对待网络游戏，如何应对网络游戏带来的各种不良影响，是每一名学生应该思考的问题。

2015 级学前教育（二）张梦茜　绘

【案例引入】

上网成瘾，杀死父母

2017 年 7 月 14 日，某市一名 15 岁的中职学生因上网成瘾，整天迷恋于网络游戏，平时也少言寡语，精神呆滞，长时间逃学。其母见儿子如此沉迷，多次劝阻无效，同其父商量后，将儿子锁在家中。五日后，该学生因网瘾大发，开始焦躁不安，同其母争吵几句后，冲进厨房，用菜刀将其母杀死，造成血案。

2015 级学前教育（二）张梦茜　绘

【案例解析】

本案例中该同学由于长时间上网玩游戏，迷恋虚拟网络游戏世界，上网成瘾，导致他对外界事物冷漠，不愿与人交流，性格孤僻，进而产生逃学、旷课等情况，最终心理扭曲。再加之父母在阻止玩游戏的方法上，缺乏与孩子心理上的正确沟通，导致他仇视父母。这种仇视日益积累，最终酿成杀死自己母亲的人生大祸，给自己、给家庭、给社会造成不可挽回的损失。

【安全应对】

（1）学生应正确认识游戏。游戏只是一种消遣、一种娱乐方式，我们在完成学习任务后的空余时间可以进行了解，但不要长时间玩游戏，以免沉迷于虚拟游戏情景之中不能自拔。

（2）面对网络游戏中需要现金充值的情况，学生不能盲目投入，应在征得家长的同意后，根据自身经济情况量力而为。

（3）对于网络游戏中存在的残暴、血腥、恐怖、仇视、邪恶方面的情景，要理性对待，不能将游戏中的情绪带入到生活中。如无法控制自己的情绪，可向老师、家长倾诉，寻求帮助。

【安全互动问答】

（1）小王同学成绩较为优秀，但自从去年他在网上下载了一款游戏后，就疯狂地迷恋上这款游戏，有时还出现逃课、旷课现象，成绩直线下滑。看到这种情况，父母很焦虑。面对小王同学的这种情况，你如何来帮助他？

（2）你今天在玩网络游戏时，游戏中打斗的场景使你内心久久不能平静，以至于上课精力不集中，无心学习。你该怎么办？

二、网络病毒

网络病毒是一种人为编制的程序，通过上传、下载、浏览、点击等方式嵌入到正常软件代码之中，进行繁殖、变异、窃取、监听、复制、删除等相关操作，从而使用户电脑垃圾文件增多，大量运行病毒程序，抢占 CPU、内存等资源，导致用户电脑速度变慢、死机、网页打开缓慢、弹出不必要的插件及窗口，用户资料及账号被修改、盗窃、删除，造成重大的经济损失。

2015 级学前教育（三）廖可儿　绘

【案例引入】

熊猫烧香病毒的危害

2006 年 10 月，李某编写的熊猫烧香病毒肆虐互联网，100 多万台计算机感染该病毒。中毒计算机会出现蓝屏、频繁重启以及系统硬盘中数据文件被破坏等现象，给社会带来恶劣影响，造成重大经济损失。李某及其同伙被依法判刑。

2015 级学前教育（三）廖可儿　绘

【案例解析】

本案例中李某编制的病毒程序不仅能破坏软件系统，同时也能破坏电脑硬件系统，具有很强的传播性和破坏性，导致全球 100 多万台电脑处于瘫痪状态，给全球经济造成重大的损失，也把自己送进了监狱。

【安全应对】

（1）掌握病毒知识，了解计算机感染病毒特征，如系统运行较慢、死机、网页加载缓慢或者打不开、加载一些不必要的插件及弹出一些窗口、QQ 打不开等情况。

（2）健康上网，文明上网，不要随意打开不信任的网站和相关的链接。

（3）定期和不定期备份相关重要数据，以防数据被病毒程序修改、删除，提高计算机的安全级别。

（4）选好病毒查杀软件，掌握病毒、木马正确查杀的方法，制定对病毒和木马查杀策略。对于发现的系统漏洞，要及时下载相应的补丁，以防黑客通过漏洞攻击电脑中的数据。

（5）已发现计算机遭遇病毒，应迅速将此电脑与在同一个网络的其他电脑进行隔离，单独查杀，以防局域网络病毒对整个网络的攻击。

【安全互动问答】

（1）小王同学经常在百度上搜索一些不相关的内容，同时还在网上看一些视频和游戏，久而久之，电脑速度变慢，网页打开缓慢，偶尔还会弹出一些小窗口。面对小王同学的这种情况，你如何帮助他？

（2）请你列举几种网络病毒，并说出每种病毒的特征。

三、涉黄信息

随着科技时代的高速发展，网络涉黄的形式呈现多样化，如网络色情图片、网络色情直播平台、黄色网站、网络招嫖等。这些涉黄信息直接影响着学生的身心健康，有些学生意志不坚定，经不起诱惑，从而出现过早的性生活、性生活混乱、频繁手淫，甚至还出现强奸犯罪行为，给自己、家庭、社会带来危害。因此学生要远离网络色情，树立健康文明道德思想观念，把所有的精力用在学习和生活上。

2015 级学前教育（二）陈晓梅　绘

【案例引入】

网络色情诱惑，强奸杀死堂妹

小王是某市一名职校生，喜欢上网，经常浏览黄色网站、观看黄色视频和黄色图片。某天晚上，小王同学看了一段黄色视频后，经受不住网上的黄色信息诱惑，无法控制自己的情欲，于是他把 14 岁的堂妹李某带出去玩。在路上小王产生了强奸堂妹的想法，于是他就用双手使劲掐住堂妹的脖子，堂妹奋力挣扎，最终因窒息死亡。小王后来被警方逮捕，判处死刑。

【案例解析】

本案例中小王同学经常看黄色信息，迷恋色情，不能自拔，最终走向了强奸杀人的道路。小王的这种行为，不但伤害了自己，也伤害了双方的父母，造成两个家庭的悲剧，社会负面影响较大，小王同学也受到法律的严惩。作为学生，我们要深刻从中吸取教训，远离网络色情，健康快乐生活。

2015 级学前教育（二）张梦茜　绘

【安全应对】

（1）杜绝在网上搜索色情图片、观看色情表演及淫秽视频，不打涉黄游戏，要树立健康文明思想观念，把所有精力用在学习生活上。

（2）上网时，若不小心浏览到黄色网站，要记下域名地址，并向网络警察报警，关闭该网站。

（3）见到他人观看色情网站时，不受诱惑，敢于文明劝导制止。

（4）提高电脑的安全级别，安装防火墙，限制黄、赌、毒等不良信息传播。

（5）杜绝在网络上发布色情图片、色情视频、网络招嫖等信息，更不能在网上组织色情表演。

【安全互动问答】

（1）小明成天迷恋上网，网页上不时弹出一些黄色消息的窗口。若在上网过程中遇到此类现象，你该怎么办？

（2）你经常关注的一个直播平台，近期主播开始做一些裸露身体的动作，你该如何应对？

四、网络赌博

近年来，网络赌博成为信息化时代衍生的产物，其活动日益猖獗，手法不断翻新，参与人员不断增多，直接影响青少年学生的身心健康，很多同学因网络赌博出现逃学、旷课、离家出走、校园贷等情况。有的学生承受不了欠债的压力，进而走上了犯罪的道路，如抢劫他人财物、贩毒、卖淫等，给家庭、社会带来了严重经济损失，扰乱了社会秩序。

2015 级学前教育（三）廖可儿　绘

【案例引入】

小王同学深受网络赌博其害

小王同学在网上下载了一款网络麻将游戏，从此就迷上了这款游戏，经常上课下课都在网上赌博。他把自己的生活费都输光了，然后到处找同学、找朋友借钱，最后发展到去借高利贷。由于高额利息的累增，债务很快就达到两三万元。小王同学天天接到要钱的恐吓电话，经常在梦中惊醒，吓得一身冷汗。由于承受不了各方的压力，小王同学最终选择跳河自尽，结束了自己宝贵的生命。

2015 级学前教育（三）廖可儿　绘

【案例解析】

本案例中的小王同学因沉迷网络赌博，慢慢欠下债务，由于欠债无法偿还，生活在极度恐慌之中。最后，他选择跳河自尽，结束了自己年轻而又宝贵的生命。从这个案例中我们要吸取教训，避免出现小王同学的情况。我们应把精力都用在学习上，远离网络赌博，珍爱生命。

【安全应对】

（1）健康上网，文明上网，不在网络上赌博，不对赌博产生兴趣，不贪图钱财，要相信十赌九输。

（2）善于发现同学间的网上赌博苗头，及时进行文明劝导干预，制止赌博行为，必要时悄悄告知老师，让老师进行细心教育。

（3）树立正确的人生观、价值观，多做有利于学习、有利于社会的事，珍爱生命，远离赌博。

（4）对于经常爱借钱的同学，要注意观察，小心他已沉迷网络赌博，不要轻易将钱借给他。

【安全互动问答】

（1）小明是某职业学校的一名在校生，深陷网络赌博，欠下了很多债务。假设小明想向你借钱，你会借给他吗？你该怎样帮助他？

（2）如果学校的同学邀请你一起在手机上打牌，你该怎么办？

第二课　网络危机应对

一、网络欺诈的危机应对

随着社会经济的发展，网络已经深入到我们生活的方方面面。网络在给学习、生活带来便捷的同时，一些不法分子通过网络将爪牙伸向了广大网络用户，利用网络的便捷性、广泛性和隐蔽性进行欺诈，编造虚假信息，引诱受害人上当，使受害人给犯罪分子打款或转账。整个过程都是在远程、非接触式的情况下完成的。

网络欺诈的主要表现形式有：冒充亲友欺诈、网购欺诈、虚假中奖欺诈、网络兼职欺诈、积分兑换欺诈等。据统计，在网络诈骗案件中，中职学生在受害人群中所占比例显著升高，需引起高度重视。

【案例引入】

（1）2017 年 4 月，作案人冒充谭某女儿老师的身份，以 QQ 聊天的方式与谭某聊天。在聊天中作案人虚构谭某女儿想参加培训班，要求受害人往其账户中转培训费，谭某未对虚构事实进行核实，便通过手机银行转账 25 200 元。

（2）2018 年 5 月 19 日 12 时，受害人张某接到自称是教育局工作人员的电话，并让张某电话联系财政局的一刘姓工作人员。联系后，张某将自己的钱取出后通过 ATM 机汇入刘某指定账户，受害人张某按对方提示操作存好钱后打印出存款凭证领取奖学金，后发现被骗 3.9 万元。

（3）2018 年 5 月 20 日下午 6 时许，武汉市民张先生接到一个陌生电话，对方自称是某快递公司员工，不慎将张先生在网上购买的商品遗失，急需处理，并颇有诚意要添加张先生为微信好友，以便全额赔偿。张先生未多想，添加对方微信后，按照对方要求扫描了一个二维码。随后张先生收到短信告知自己中国工商银行卡内的 8581 元钱被转走。

2015 级学前教育（三）卢婧艾　绘

【案例解析】

网络欺诈主要利用网络和聊天工具，充分收集欺诈对象的资料，以冒充亲友、网购退货、快递遗失赔偿、虚假中奖、网络兼职等由头，向受害者发布一些含有木马病毒的网络链接和二维码，诱导受害者泄露身份信息和银行卡账号、密码等交易信息，一步步走向欺诈团伙精心设计的圈套中，致使受害者财产遭受损失。

网络欺诈采用单独或结伙作案。案犯冒充教育局的工作人员以退助学金、享受助学金、领取助学补贴等为由让受害人通过 ATM 机、微信、支付宝等方式按对方的提示操作，将受害人的钱转入犯罪分子提供的账户内实施诈骗。学生、家长应当注意自我保护，谨慎对待金钱问题。学生由于社会经历较少，容易在无意中受到诈骗，因此在进行投资或有助学金领取时，应当征询学校、班主任的意见后再做决定。

网络欺诈作案者往往冒充快递员以退款、中奖、货到付款等为由让受害人通过扫二维码、病毒链接、发验证码等方式，将受害人的钱转入犯罪分子的账户内实施诈骗。同学们喜欢网购，应当有防范意识，自己的包裹要心中有数，不要贪图小利，捡了芝麻丢了西瓜，凡事再三核对清楚，不轻易扫码和打开有毒网址的链接。

【安全应对】

（1）不理睬。不轻信来历不明的电话及短信，不登录不明网站，不贪小便宜。不管诈骗分子用什么花言巧语都不要理睬，及时挂掉电话，不给诈骗分子进一步设圈套的机会。不要轻易点开短信和社交软件发来的链接。

2015 级学前教育（二）陈晓梅　绘

（2）不透露。不随意向他人泄露自己的个人信息，包括身份证信息、银行账号、密码、手机验证码、社交账号、密码等。不在安全性未知的网页或手机 APP 中填写自己的身份证号、手机号、银行卡号、支付密码等隐私信息。

（3）不转账。未经核实对方账户和身份绝不用微信、支付宝、ATM 机、手机银行、网上银行等方式向陌生人汇款、转账。不随便扫陌生二维码，以防上当受骗。在社交软件中收到朋友发送的转账、代付等涉及财产的信息时，最好通过其他渠道联系朋友进行确认核实。

（4）无论是哪个单位或者个人提供资助，都不会要求学生在电话中告知身份证号、银行卡号、手机验证码等信息，也不会要求缴纳任何费用或在 ATM 机和网上银行进行操作。如有类似要求的，请先向学校、班主任老师咨询，千万不要擅自按照对方要求操作，以免上当受骗。

（5）心中有数。对自己在网上购买的物品要心中有数，出现问题，通过多方渠道再三核对。

【安全互动问答】

（1）当你在使用 QQ、微信等软件聊天时，收到某购物网站客服发来的订单退换货信息时，你应该如何应对？

（2）许久未联系的同学突然在 QQ 或微信里与你取得联系，随后便以想买辅导资料钱不够让你借钱给他。你应该如何应对？

（3）王先生接到一位快递员的电话，快递员说王先生的包裹丢失，需要他扫二维码加为好友，以方便退款。王先生该如何应对？

（4）张女士接到一个以“110”为尾号的电话，电话里的人自称某公安局某派出所民警，他说有人利用张女士的身份证办了一张银行卡，并用这张卡转出了 200

多万元，现在怀疑张女士涉嫌诈骗，要求她把所有钱存进一张银行卡。张女士该如何应对？

二、网络暴力的危机应对

随着手机网络技术的发展，网络普及率逐年提升，网民更趋于年轻化。在网络这个与现实世界并行且交融的虚拟世界里，大量信息向我们涌来，一些网民利用网络强大的开放性、交互性、匿名性，逐渐将不负责任的言行演化为“网络暴力”，侵犯了他人的隐私和合法权益，给他人造成极大的精神伤害和心理伤害，须引起全社会的高度重视。

2015 级学前教育（三）卢婧艾　绘

【案例引入】

（1）2015 年，一段 35 秒的视频在网上疯传。在成都市娇子立交处，一名男司机将一女司机逼停后当街殴打，35 秒内 4 次踢中女司机脸部，整个过程触目惊心。事件曝光后，被打女司机受到网民广泛同情。男司机随后用视频解释事发因女司机随意变道、别车等恶劣行为，这时网友纷纷谴责女司机卢某的路霸行为，并对卢某进行人肉，先后翻出了她的驾驶违章记录、身份信息甚至是开房记录等。原本是一起交通纠纷，后来发展成卢某全部个人信息曝光，对卢某的心理产生了巨大伤害。

（2）2017 年 7 月 4 日下午，一个 ID 名为“白衣天使茉莉花”的网友在微博上爆料，称河南周口市西华县的奉母镇第一中学，有两名老师强奸 12 岁女生何某多次。随后不少微博转发，网友更是对提到的老师进行人肉和谩骂。周口警方经过调查后，未发现何某被强奸的事实和证据，其真相是何某姑姑借此制造炒作噱头，吸引网民眼球，扰乱网络公共安全秩序。

而被控“强奸”的两位老师成了此次炒作的牺牲品。

【案例解析】

网络暴力不同于现实生活中拳脚相加、血肉相搏的暴力行为，而是借助网络的虚拟空间用语言文字进行虚假宣传，对人进行伤害与诬蔑。包括在QQ空间、微信朋友圈、微博、小视频网站中对他人进行谩骂、侮辱，也包括散播各种带有血腥、杀戮、械斗等恶性打斗场面的视频、音频、图片等行为。网络暴力不仅对当事人进行人身攻击，甚至对当事人进行“人肉搜索”，将其真实身份、姓名、照片、生活细节等个人隐私公布于众，严重地影响了当事人的精神状态，更破坏了当事人的工作、学习和生活秩序，甚至造成更严重的后果。

【安全应对】

2015级学前教育（三）卢婧艾　绘

（1）提高自己的道德自律意识，针对网络信息要具有分辨能力、选择能力和对低俗文化的免疫力。

（2）对于未经证实或已经证实的网络事件，不发表具有伤害性、侮辱性和煽动性的失实言论。

（3）保护好个人的隐私资料，不随意在网络平台上泄露个人信息，特别是电话号码、身份证号码等。

（4）树立良好的个人形象，上网打游戏、社交等，尽量低调处事，不在网络上留下不良记录，以免被好事者扒出来，煽风点火，故生事端。

（5）若不慎遭遇了网络暴力，应该迅速拿法律武器来保护自己的合法权益。

【安全互动问答】

（1）当你在浏览QQ空间、微信朋友圈、微博时，发现网民对当下某个明星进行大肆爆料，你应该如何应对？

（2）当你在翻看网站小视频时，发现某视频出现了你的照片或者个人信息，你应该如何应对？

三、网络传销的危机应对

随着网络技术的发展，网民获取信息的渠道逐渐增多。而一些非法网络传销者利用网络这个虚拟空间，借助高科技、电子商务等名义，遮人耳目，大搞“空手道”，千方百计地让你从自己的口袋里掏出钱来交给他们，成为他们中的一员，然后对自己的朋友、同学、亲人实行传销。当今社会上已经有不少学生陷入这个泥潭中，同时也给不少家庭造成了重大损失。

2015 级学前教育（二）陈晓梅　绘

【案例引入】

（1）某电子商务平台 APP 于 2015 年 2 月 12 日开始上线试运营，其运作模式为：每人缴纳一年 365 元的平台服务年费，可以成为店主（实际上并不开店），然后邀请其他人员加入成为新店主。一名店主直接发展 30 名新店主和间接发展 130 名新店主加入，方可成为导师；导师团队招募店主人数达到 1000 名，可向公司申请成为合伙人或者育成合伙人，现金利润分成方式也是按照等级制度划分，使相互之间形成上下线的关系。运营头目利用这种方式大肆敛财，实质就是网络传销。

（2）2017 年 3 月 15 日，某农庄正式上线。它是一个号称“轻松赚钱、月薪过万”的网民风靡的游戏，并迅速在网民中走红。在短短 5 个月时间里，先后发展涉及重庆、四川、广东等 28 个省市的 12 万余玩家，交易金额达 4600 余万元。8 月中旬，游戏全面崩盘，数万玩家在血本无归之际，方才认清其网络传销的真面目。

【案例解析】

网络传销以网站为传销平台，通过 QQ 空间、微信圈、公众号等社交工具，打着高薪兼职、创业培训、微店开设、高利投资、推广返利、广告提成等旗号吸引人，欺骗广大网民缴纳入会费、购买体验产品，并鼓动会员发展下线，骗取钱财。操纵者由明转向暗，万一下线被执法部门查获后，上线也能马上逃之夭夭。与传统传销相比，网络传销更具欺骗性、隐蔽性和跨地域性，处于工商监管的“灰色地带”。

【安全应对】

（1）树立正确的价值观，杜绝好逸恶劳、坐享其成的懒惰思想。

（2）对于高回报投资、高薪兼职、高额提成或返利要提高警觉性和判断力。

（3）在使用社交软件时，对于同学、朋友、亲戚发来的诱导性信息，要保持冷静，辨别其运营模式，以免陷入传销风波。

（4）若 QQ、微信、邮箱里收到传销人员发来的一些邀你入会的信息或链接，及时向公安机关披露。

2015 级学前教育（二）覃青青　绘

【安全互动问答】

（1）当发现微信朋友圈里有人每天晒多张微信入账单，并宣称“动动手指，足不出户，只需一部手机，轻轻松松月入三万”，你应该如何应对？

（2）当久未联系的同学、朋友、亲戚突然联系你，向你推荐一款新产品，并鼓励你邀人入会，既可享受低价又可拿到提成，你应该如何应对？

四、虚拟财产交易的危机应对

随着网络技术的发展和移动终端的技术革新，第三方支付平台应运而生，加之各大银行网上业务的拓展和深入，使得“扫一扫”“摇一摇”“指纹支付”“红外线感应支付”成为我们日常消费的主要支付方式。据人民网 2018 年 6 月 4 日报道：今年以来，不法分子通过社交网络平台、APP 软件、恶意二维码等进行虚拟财产诈骗的案件频发，虚拟财产交易安全已经成为用户最担心的问题之一。

2015 级学前教育（二）陈晓梅　绘

【案例引入】

（1）小赵在微信朋友圈做化妆品生意，2017 年 4 月的一天，他收到昵称“美美”的客户要购买眼霜的信息，“美美”称自己当日红包和转账金额已超额，让小赵发二维码给她扫码付款。小赵将收款码截图发给“美美”后对方称该码不对，并诱导小赵将付款码发给自己。在“美美”的提示下小赵一共发送了 3 个付款码，损失 1500 元。

（2）2018 年 2 月，徐某在微信群认识的一朋友向她介绍了一款抢红包神器，称可以设置自动抢红包以及降低小包概率。徐某听后很心动，就花 350 元购买这个软件并安装到手机中，第二天徐某登录微信发现一万多余额被转走。据民警调查发现该抢红包软件含木马程序，在登录时要输入微信账号和密码来绑定，导致余额被盗。

【案例解析】

网络虚拟财产具有虚拟性和无形性，不法分子以提供“安全账户”“抢红包神器”“红包接龙”“二维码失效”“砍价 0 元购”“扫码送礼”“集赞有礼”等为借口，利用网络的虚拟空间、木马程序、病毒链接、恶意二维码，获取或伪造用户的账户信息、身份信息以及支付密码和动态验证码，盗取用户的虚拟财产，给广大用户造成重大损失。

【安全应对】

（1）通过正规渠道申请银行卡，谨防黑中介留取个人身份信息后伪冒办卡，并实施盗刷。

（2）购物时警惕钓鱼网站，注意支付类网站开头是“https：//”。

（3）不贪图小便宜，慎领陌生 QQ 群、微信群红包。

（4）不轻易向他人提供自己的支付二维码，也不轻易扫取他人的二维码。

（5）不点击短信中的链接，不在不明网站填写银行卡卡号、有效期、安全码、短信验证码等信息。

2015 级学前教育（二）陈晓梅　绘

（6）避免使用免费 WiFi 进行网络支付，以免被不法分子盗取用户名和密码。

（7）使用移动支付时，建议 APP 上只绑定小额银行卡，删除 APP 前，切记要解除绑定的银行卡。

【安全互动问答】

（1）当你逛街时，发现超市门口有人在推荐“扫码领红包”，引导你填写个人身份信息、手机号码、动态验证码，并进行面部识别时，你应该如何应对？

（2）当你打开微信时，发现你被拉进一个陌生的微信群里，群主正在发大红包，邀请大家参与“红包接龙”，你应该如何应对？

第三课　网络上邪教、恐怖组织危机应对

随着信息技术的发展，网络越来越深入我们生活的各个方面，成为生活中不可缺少的一部分。与此同时，一些邪教和恐怖组织也将魔掌伸向了网络，利用网络进行大肆宣传、招募并策划袭击。“法轮功”“伊斯兰国”等邪教、恐怖组织频繁利用互联网进行非法宣传，在线进行人员招募和培训，传播妖言邪说，发展信徒，迅速将一些年轻人极端化，从而进行各种破坏活动。目前全世界约有三千多种邪教组织和恐怖组织，其中有上百个在传播活动中利用了网络。

2015 级学前教育（二）覃青青　绘

【案例引入】

（1）美国邪教“天堂之门”成员集体自杀惨剧：1997 年，邪教“天堂之门”所设立的网页做了最后一次变动，补发了一道名为“红色警报”的告示后，39 名信徒在教主阿普尔怀特的带领下，集体自杀。

（2）2017 年 5 月 15 日，受害人李某通过 QQ 结识了一位“知心姐姐”王某。王某先是在 QQ 上对李某嘘寒问暖，在取得李某的信任后，逐步向李某宣传“法轮功”邪教组织，大肆诋毁中国共产党，并邀请李某参加该邪教组织破坏活动。幸好李某家人及时发现其行为有异，进行阻止，避免了李某酿成严重后果。

【案例解析】

邪教和恐怖组织主要通过开办网站、设立网页、利用网络聊天工具等方式对目标人员进行洗脑，使其产生反党、反人民、反社会的极端思想；并通过网络组织受害人员实施自残、攻击他人等威胁社会、扰乱社会公共秩序的极端行为。其组织人员往往通过网络接近受害人员，在取得受害人员的信任后对其宣传歪理邪说。

2015 级学前教育（二）覃青青　绘

【安全应对】

（1）不听、不信。要树立正确的人生观、世界观，拥护中国共产党的领导，爱国、爱党、爱家。不浏览“法轮功”等邪教、恐怖组织的网站、网页，不要听信网络上不明身份人员宣传的信息。

（2）不传播。对已获知的歪理邪说，杜绝使用各种网络工具进行传播。

（3）不参与。对任何人组织的威胁社会、扰乱社会公共秩序的极端行为，坚决不参与。

（4）一经发现，立即报警。一旦发现有人员通过网络散布邪教、恐怖言论时，要立即向公安机关举报，并积极配合公安机关调查。

【安全互动问答】

（1）你加入的某个聊天室，近几天有人散布一些诋毁中国共产党的言论，并邀请你在某个时间某个地点去参加学习会，你该如何应对？

（2）你久未联系的同学，最近突然在 QQ 上与你取得联系，并对你表示各种关心，同时宣传他现在加入了某个组织的各种好处，邀请你一起加入，你该如何应对？

2015 级学前教育（二）覃青青　绘

第六单元

实习实训篇

第一课　社会实践危机应对

社会实践主要指寒、暑假实习或是学习期间的校外实习。社会实践具有加深对本专业的了解、确认适合的职业、为向职场过渡做准备、增强就业竞争优势等多方面的作用。

进行社会实践之前，我们应该具备足够的安全知识，充分增强自己的安全意识，做好各种实习准备，才能让安全成为一种习惯，让习惯把你变得安全。

【案例引入】

（1）某物业公司职工强某是高血压病患者，2014 年 12 月，强某在加班时突然发病，送到医院抢救后，留下半身不遂的后遗症。强某要求享受工伤保险，要物业公司支付医药费、护理费等相关费用。物业公司却认为强某虽然是在工作中发病，但其发病与工作无关，只能给予他医疗保险待遇。那么，工作时间发病是否算工伤？

2015 级学前教育（三）廖可儿　绘

（2）2018 年 6 月某校毕业班学生陆续进入企业进行社会实践，其中有一部分同学在实习单位看到了这则招聘信息：本公司属于一家高级私人会所，专门接待各大企业老总，主要工作内容为旅游陪同、情感陪同及其他。要求：男女不限，性格开朗、形象外貌佳。待遇：月薪 3 ~ 5 万元。请问，你如何看待类似的招聘信息？

【案例解析】

案例（1）中，工作时间发病是否构成工伤，应视情况而定，如果病是由于工作原因所引起的，应视为工伤。根据劳动部办公厅《关于在工作时间发病不做工伤处理的复函》中的规定，像高血压这类常见病，发病原因和发病时间都很难确定，现行政策也没有按工伤处理的规定，所以，即使在工作现场、工作时间内发病，也不应按工伤处理，而应按因病或非工伤处理。因此，一般情况下，患病职工在工作期间病情复发，不能算作是工伤。若 48 小时内抢救无效死亡，则为工伤。

案例（2）中，此类招聘一般属于虚假信息，目的在于骗取应聘者的钱财，比如要求入职者必须先交服装费、保证金、保密金、培训费等，一旦应聘者交纳这些费用（很多情况下还会层层不断地以各种理由让应聘者交纳其他费用），便再也无法与招聘者取得联系。

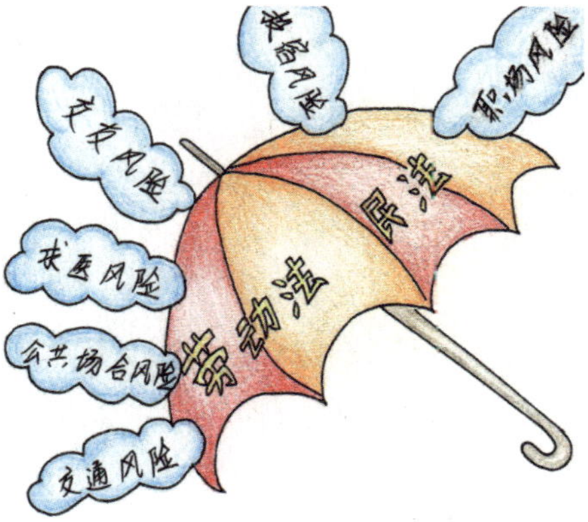

2015 级学前教育（三）廖可儿　绘

【安全应对】

（1）购买保险：保险包括基本医疗保险和意外险。职业学校学生毕业前参加社会实践，实践单位通常（一般情况下）是不会为其购买社保的，所以一旦发生疾病和意外就需要靠基本医疗保险和意外险来理赔。然而保监会要求任何单位和个人不能强迫他人购买保险，虽然学校一再强调让学生和家长购买相应保险，但却不能强行要求，所以保险需要学生本人和家长重视并自愿购买！

（2）服从学校关于实践活动的要求，接受老师指导，与家长保持信息沟通。

（3）参加社会实践时减少单独活动和夜间活动，尽量采取小组活动的形式，活动行程应及时向家长报告，不单独到陌生或者荒僻的地方。遭遇偷盗、抢劫以及其他意外伤害，应保持冷静，灵活应对，以保证自身安全为前提，并及时报案。

（4）在公共场合注意自身言行举止得体，尽量采取克制忍让的态度，避免与人争执。如与社会人员发生争吵甚至斗殴，现场同学应及时制止，防止事态恶化，如不听劝阻，应迅速联系公安部门共同处理。

（5）到实习企业前，应再次与实践地联系，确保所有安排（如食宿与工作岗位）都已妥当，并办理好在实践地活动所需的必要证件和证明。熟悉当地习俗和历史地理等情况，并根据自身情况做出相应的应急准备。

（6）应熟悉《中华人民共和国劳动法》《中华人民共和国未成年人保护法》《中华人民共和国消费者权益保护法》《中华人民共和国民法通则》等相关法规，利用法律武器保护自己的正当权益。

（7）注意不得认定为工伤或者视同工伤的情形：故意犯罪的、醉酒或者吸毒的、自残或者自杀的。

（8）要入住有营业执照并且管理正规的旅馆、招待所或酒店，可以将贵重物品交给服务台保管，夜间不要单独出去，睡觉时门窗要锁好，不要与陌生人睡在一个房间。

（9）旅途交友安全："知人知面不知心"，"逢人只说三分话，不可全抛一片心"。不随便接受陌生人的食物和饮料，不轻易答应陌生人的邀请约会。

2015 级学前教育（三）廖可儿　绘

【安全讨论】

（1）某校酒店管理专业学生罗某某在杭州某酒店实践期间因家庭原因，本不喝酒的她于 2018 年 1 月 21 日 22 时，在下班后与几位同事一起喝了几杯客人未喝完的红酒，想借酒消愁，却不胜酒力，在酒精的麻痹作用下跑到酒店六楼消防楼梯窗户前，失去理性的她欲从楼上跳下。幸好有位在该酒店上班的学长谭某及时制止，免除了可能发生的惨剧。

若当时这位同学真的从楼上跳下去了，会产生怎样的后果？

（2）2017 年 3 月，某校 2015 级实习学生万某不幸被查出罹患白血病，需大笔的治疗费用，然而他却未购买基本医疗保险。学校虽然为其购买了学生实习责任保险，但却属于意外险种而无法报销。即便学校全体师生都为其捐款献爱心，但仍然无法帮助其承担巨额的医疗费用。一个还未绽放的生命就这样被病魔折磨和吞噬。

这个案例告诫大家必须注意什么？

第二课　顶岗实习危机应对

顶岗实习是职业学校学生的一门必修课程，在学制规定的时限内，所有学生必须完成企业顶岗实习环节。

我们走出校门，参加顶岗实习，迈向社会，开始独立生活，这是人生的一次重要转折。这个时期，每个人要加强自我保护和自我约束，掌握有效的防范方法，确保自身生命安全不受侵害。

一、安全生产

安全生产是指在劳动生产过程中，要努力改善劳动条件，克服不安全因素，防止伤亡事故的发生，使劳动生产在保证劳动者安全健康和国家财产的前提下顺利进行。

“安全生产，人人有责”。校外实习工作岗位种类繁多，学生应牢记专业实训教师和实习指导教师强调的岗位安全注意事项，防范岗位操作带来的安全风险。尊重并遵守企业的各项规章制度，制度是安全的保障，遵章守纪能有效避免安全事故的发生。

【案例引入】

某校 2014 级机械专业实习生曾某，在车间作业时，工作牌不慎掉落到机床里卡住了。曾某不加思索，想徒手将卡在机床里的工作牌取出，结果，右手食指被机床切掉一半，对曾某造成了巨大的伤害。

2015 级学前教育（二）张梦茜　绘

【案例解析】

曾某刚踏入实习岗位，岗前培训时不认真听讲，将实习指导教师强调的岗位安全生产注意事项抛之脑后，不按规定方法操作，才导致了如此严重的后果。

【安全应对】

参加实习时，学生切忌自以为是，擅自处理。牢记安全操作方法，服从师傅的工作安排和安全警示。遇上不能解决的问题时，第一时间寻求师傅的帮助，任何操作必须在确保安全的前提下才能进行。

二、社交安全

学生踏入社会顶岗实习前，一直处于家庭和学校的保护中，社会经验不足。同时学生年纪尚轻，思想不够成熟，对自己的身份定位模糊，认为自己已经独立，不再受管理约束。有些实习生与异性交往没有分寸，轻信陌生人，结识不良青年，养成抽烟、喝酒的坏习惯，生活放纵无节制，这些会给实习生带来巨大伤害和损失。

【案例引入】

（1）某校 2016 届电商专业学生实习期间，实习单位附近超市有个工作人员何某，主动与来超市购物的实习生拉近关系，不久与学生交上朋友，下班后主动约学生喝水聊天。学生与何某关系拉近后，还时常请何某到单位宿舍去玩。在接下来的半年时间里，宿舍的钱财物品经常不翼而飞，平日里关系甚好的同学，变得互相猜忌，可谁都没有怀疑到何某身上。直到有个同学被盗了一千元现金，引起大家的重视，一起将此事报告给公司安保处，后来经安保处协助警察取证调查后，终于真相大白，原来一直在宿舍行盗窃之事的人正是超市工作人员何某。

（2）某校 2017 届旅游专业实习生初到单位实习，正逢节假日放假，两个关系好的女同学相约去单位附近游玩，偶遇自称在当地上班的男青年王某等。王某等人主动搭讪两个女同学，表现得十分慷慨，夸她们长得漂亮，实施了一系列糖衣炮弹的轰炸后，赢得了两位女同学的信任。第二天，王某等人约两位女同学去附近的旅游胜地游玩，两个同学爽快地答应了，上了几个男青年的车。实习管理教师当天得知此事后，立刻报警，两位女同学的手机当时已经是关机状态。警察经过半个月的努力，终于将上当受骗的两个女同学解救回来。自称在当地上班的王某，实际是人贩子，是一个在当地公安局有前科的惯犯。

2015 级学前教育（二）张梦茜　绘

【案例解析】

在实习生的案例中，作案者利用学生思想不成熟、对社会的认知度不够、对事物的分辨力停留在表象的特点，抓住学生想要独立、脱离约束的心理，靠编造谎言、假冒身份讨好学生，骗取学生的信任，对学生实施骗财骗色。

【安全应对】

（1）初到单位实习，先熟悉环境，对不熟悉的同事和社会人士的邀约，应谨慎处理，不贪图便宜，谨慎交友，不轻信陌生人，不感情用事。

（2）实习期间，应与学校和家长保持联系，遇事多与带队实习教师沟通。不进酒吧、网吧等场所。

（3）遇上危险时，一定要沉着应对，想办法脱离险境或者报警，把自己的准确位置信息发布给能帮助你的人。

2015 级学前教育（二）张梦茜　绘

【安全互动问答】

（1）什么是安全生产？

（2）见习生刘某在见习期间，与相识不到一个月的公司老员工谈起了恋爱。见习期结束后，见习生需回校继续学习，而刘某拒绝回校。在老师和家长的百般劝说下，仍然坚持不回校学习，后来办理了退学。你觉得见习生刘某的做法理智吗？为什么？

（3）优秀毕业生赵某，在校期间，品学兼优，本以为毕业后能找个好工作，但刚好遇上就业紧张期，诸多不如意的赵某在沮丧困惑时给同学打电话，得知有个同学的工作很不错。赵某便联系上这位有好工作的同学，想去他的公司上班。但同学说公司现在不缺人，如果想进去，得托关系，还得花钱。此时，你建议赵某该怎么做呢？

第三课　专业实训安全防范

《中华人民共和国安全生产法》明确规定，我国的安全生产管理工作，必须坚持“安全第一，预防为主，综合治理”的方针，也就是说，“安全是为了生产，生产必须安全”。

作为职业学校的学生，实训是我们掌握专业技能不可缺少的一个重要环节。只有通过严格认真的技能训练我们才能学到过硬的专业知识和技能，尤其是养成严格执行安全操作规程的素养，为今后更好地工作和生活打下坚实的基础。

实训时学生必须进入各个专业的实训室，或到工厂企业的生产车间里去。到实际的工作环境中进行锻炼，会接触各种设备、仪器仪表和工具，以及各种各样的工作环境，我们在实训时必须按照各专业的有关学习和实训规章制度的要求来完成训练，做到规范、认真、安全、高效，严防各种安全事故的发生。

一、机械加工实训安全

机械加工涉及各类普通机床和数控机床，以及大量工量、夹具。在实训时我们必须严格遵守“四不伤害”原则（不伤害自己，不伤害别人，不被别人伤害，不让别人受伤害），保障自身、他人和设备的安全。

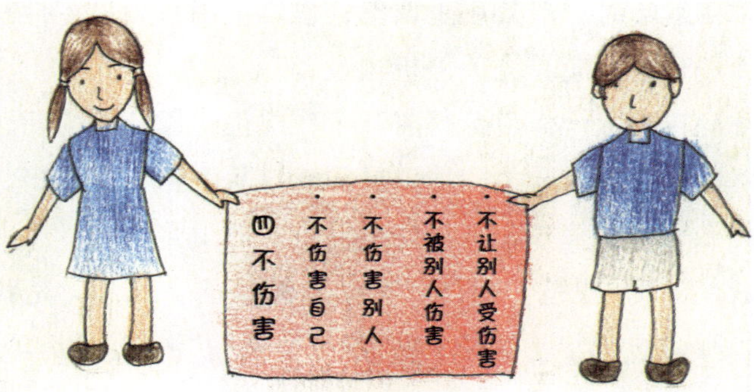

2015 级学前教育（二）覃青青　绘

（一）机械伤害类型

（1）绞伤：外露的齿轮、皮带轮、光杆、丝杆，主要是车床、铣床、钻床等，都很容易造成绞伤。

（2）物体打击：车床的卡盘，装卡不牢，反车时会飞出伤人。旋转的零部件不牢固，或旋转的零部件上摆放未经固定的东西，也容易造成物体飞出伤人。

（3）压伤：冲床、锻床、剪板机等，容易造成压伤。

（4）砸伤：高处的零部件或吊运的物体掉下来导致砸伤。

（5）挤伤：如零部件在做直线运动时，将人身某部分挤住，造成伤害。

（6）烫伤：刚切下来的切屑具有较高的温度，如果接触手、脚、脸部的皮肤，就会造成烫伤。

（7）刺割伤：金属切屑都有锋利的边缘，像刀刃一样，接触到皮肤，皮肤容易被割伤。最严重的是飞出的切屑打入眼睛，会造成眼睛受伤甚至失明。

（二）机械加工实训基本操作守则

要保证机械设备不发生安全事故，不仅机械设备本身要符合安全要求，而且更重要的是要求操作者严格遵守安全操作规程。

（1）工作前要按规定正确穿戴好个人防护用品。要穿好紧身工作服，袖口束紧，长发要盘入工作帽内，操作旋转设备时不得戴手套。

（2）操作前要对机械设备进行安全检查，而且要空车运转一下，确认正常后，方可投入运行。（比如砂轮机）

（3）机械设备在运行中也要按规定进行安全检查。尤其要检查紧固的物件是否由于振动而松动，以便重新紧固。

（4）设备严禁带故障运行，千万不能凑合使用，以防出事故。

（5）机械安全装置必须按规定正确使用，绝不能将其拆掉不使用。

（6）机械设备使用的刀具、夹具以及加工的零件等一定要装卡牢固，不得松动。

（7）机械设备在运转时，严禁用手调整；也不得用手测量零件，或进行润滑、清扫杂物等。如必须进行时，应首先关停机械设备。

（8）机械设备运转时，操作者不得离开工作岗位，以防发生问题时无人处置。

（9）工作结束后，应关闭开关，把刀具和工件从工作位置退出，并清理好工作场地，将零件、工具夹等摆放整齐，打扫好机械设备的卫生。

（10）严格执行“7S”规范，保证实训场地的整洁、规范，是我们养成良好职业素养的重要环节。所谓的“7S”就是“整理”“整顿”“清扫”“清洁”“素养”“安全”“节约”。

二、电工电子实训安全

电工电子实训涉及电子技能、电工技能、机电一体化和工业机器人操作训练等，与强弱电打交道，如果不注意规范操作，容易发生安全事故。

2015 级学前教育（二）覃青青　绘

（一）电工电子实训伤害类型

电伤：由电流的热效应、化学效应、机械效应以及电流本身作用所产生的伤害，一般是非致命性的。

电击：就是通常所说的触电，是致命性的伤害。触电死亡绝大部分是电击造成的。

（二）人体触电的类型

（1）单相触电：指人体裸露部分碰到一相带电体。

（2）两相触电：指人体同时触及两相电源或两相带电体，电流由一相经人体流入另一相，此时加在人体上的最大电压为线电压，其危险性最大。

（3）跨步电压触电：当带电体接地时有电流向大地流散，在以接地点为圆心、半径 20 m 的圆面积内形成分布电位。人站在接地点周围，两脚之间的电位差称为跨步电压，由此引起的触电事故称为跨步电压触电。

（三）产生触电事故的原因

产生触电事故有以下原因：

（1）缺乏用电常识，触及带电的导线。

（2）没有遵守操作规程，人体直接与带电体部分接触。

（3）由于用电设备管理不当，使绝缘损坏，发生漏电，人体碰触漏电设备外壳。

（4）高压线路落地，造成跨步电压引起对人体的伤害。

（5）检修中，安全组织措施和安全技术措施不完善，接线错误，造成触电事故。

（6）其他偶然因素，如人体受雷击等。

（四）电工安全规程

（1）学生进入实习场地操作前，必须接受安全技术教育，通过考核方可继续操作。

（2）实习学生应经过触电急救训练，懂得急救常识并能够对触电人员进行急救。

（3）实习学生必须严格遵守操作规程，停电检修严格做到验电、放电、接地、挂牌，必要时派人看守或加锁。

（4）带电操作时，操作学生思想集中，服从指导，穿好防护衣着，使用符合安全规定的绝缘工具和用具，细心操作。

（5）实习学生至少应有二人一组，其中一人作为安全监护人。

（6）实习场地内任何电器设备、操作台，未经验电，一律视为有电，不准随意触及。

（7）电气线路、电器设备安装检修完成后，须经指导老师检验合格后方可通电试运行。

（8）学生实习时，严禁擅自使用用电设备，必须严格按照工艺要求操作，不得做与实习内容无关的事，并保持实习场地的整洁。

（9）严禁在实习场地内疯、玩、打、闹，发生此类事件一律严肃处理。

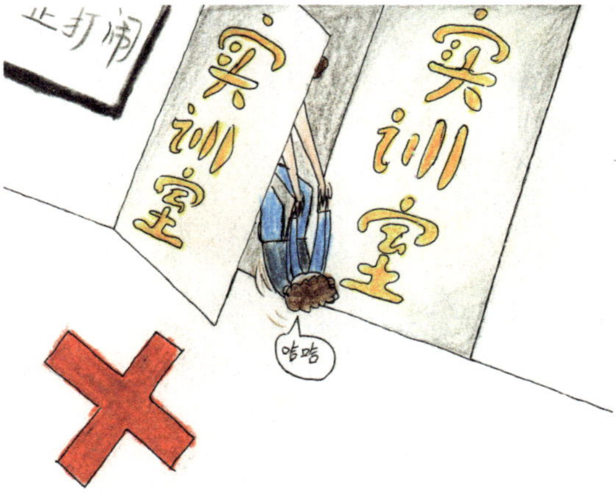

2015 级学前教育（三）卢婧艾　绘

【案例引入】

2016 年 5 月 19 日，某职业学校电子技术应用专业学生在“电子技能”实训课中，趁指导教师在辅导其他同学的时间空当，学生郑某随意走下工位与学生王某嬉戏打闹，由于动作过大郑某失去平衡，摔倒在正在实训的同学张某某工位上，造成郑某脸部被张某某同学手中的电烙铁烫伤。

【案例解析】

实训室是同学们学习和练习技能的地方，在实训室中每个同学都有自己固定的工位。在无特殊情况，且没有经得实训指导教师的同意的条件下，任何人都不能随便离开自己的工位。这样，既能维护实训的正常秩序，又能保证实训设备安全和同学们的人身安全。案例中郑某和王某不顾实训纪律的要求，造成郑某受伤，也打扰了张某某的正常实训，实属不该。

【安全应对】

（1）每位同学在进入实训室之前，必须熟悉实训室的各项规章制度，并严格执行。

（2）遵守各专业的专业规范，特别是一些特种行业（如电工、焊工等）的规定。

（3）实训中听从指导老师的安排，不得自作主张做与实训无关的事。

（4）专心实训，不受外界的干扰，也不得打扰别的同学实训。

（5）不串岗、不在实训室内疯、玩、打、闹！

三、建筑施工安全

建筑施工现场涉及多个工种，需要各位参加训练的同学注意各工种的安全要求。

2015 级学前教育（二）覃青青　绘

（一）自我保护常识

1. 进入施工现场要正确佩戴安全帽

（1）检查安全帽，发现破损、裂纹要及时更换新的。

（2）戴安全帽必须系好下颏带。

2. 正确使用安全带

（1）安全带要高挂低用。

（2）安全带不能打结使用，不能将钩直接挂在不牢固物和直接挂在非金属绳上使用；高处作业，在无可靠安全防护设施时，要先挂牢安全带后作业。

3. 使用其他防护用品

（1）混凝土振捣器操作人员，作业中必须穿绝缘鞋，戴绝缘手套，防止发生触电事故。

（2）电、气焊作业工人，作业中要带电、气焊手套，穿绝缘鞋，使用护目镜及防护面罩。

（3）有尘、毒、噪声等环境作业的工人，要戴防尘、防毒口罩，使用防噪声耳塞。

（二）文明施工

1. 作业现场要活完场清

（1）作业现场要保持整洁，施工完一层，施工垃圾集中存放并及时运走。

（2）现场内各种管道要做好防护，防止碾轧，接头处牢靠，防止跑、冒、滴、漏。

（3）施工中的污水应用管道或流水槽流入沉淀池集中处理，不要向现场排放或排到场外及河流中。

2015 级学前教育（二）覃青青　绘

2. 环境整洁、饮食卫生

现场生活区宿舍、食堂、厕所、洗浴室、活动室等布局合理，临时房屋结构安全可靠，环境整洁、干净、卫生。

宿舍内空气新鲜，环境整洁，被褥叠放整齐，个人用具按秩序摆放，衣服勤洗勤换，污水不乱泼乱倒。

饭前洗手，不吃不干净的食品，不喝生水，保证身体健康。

3. 安全交底和班前会

每道工序施工前，都要进行安全技术交底，由施工负责人向全体人员讲解施工作业中的危险源及安全措施、注意事项。

每天施工作业前，班长应集合全班人员，按照当天的施工内容、施工作业环境、天气状况和可能遇到的不安全因素，提出注意事项和要求。

4. 施工现场物料堆放

物料要在规定地点存放，不侵占现场道路，不得堵塞交通，不影响施工。

材料存放整齐美观，做到一头齐、一条线、一般高。

各种气瓶是危险品，存放和使用时要距离明火 10 米以外。乙炔瓶不能倒放。

5. 施工现场安全标志

安全标志是提示施工现场各类施工人员注意安全防护、保护人身安全的标志。安全标志应按照其内容、设置范围悬挂摆放。

（三）安全警示标志

（1）禁止标志：不准或制止人们不安全行动的图形标志。

（2）警告标志：提醒人们对周围环境引起注意的图形、标志。

（3）指令标志：强制人们必须遵守某项规定，做出某种动作或采用防范措施的图形标志。

（4）提示标志：向人们提供某种信息的图形标志。

● 禁止吸烟

● 禁止烟火

● 禁止用水灭火

● 禁止放易燃物

● 禁止启动

● 注意安全

● 当心火灾

● 当心中毒

● 当心触电

● 当心机械伤人

● 必须戴安全帽

● 必须戴防护手套

● 必须戴防尘口罩

● 必须戴护耳器

● 必须戴防护眼镜

四、学前教育保教工作见习安全

学前教育专业学生的实训主要是到幼儿园进行保教工作见习，对仪容仪表和组织纪律要求较高。每位同学应该以积极、认真的态度对待见习，在见习期间做到积极展现自己的才能，锻炼自己的能力，发挥自己的特长。

（一）仪容仪表要求

（1）衣着大方得体，符合中职学生要求和学前教育教师职业规范；不佩戴首饰和装饰品，不穿高跟鞋，不穿超短裙，不化妆，不留长指甲和涂指甲油。

（2）精神饱满、积极向上；服从安排，虚心求教。

（3）使用普通话，使用文明规范语言；尽量使用儿童化语言，对老师、幼儿轻言细语。

（二）纪律要求

（1）不迟到、不早退、不旷课。

（2）在见习期间不得与社会青年交往，不准吸烟喝酒。

（3）见习期间违反学校规章制度的，将停止见习并按相关规定处罚。

（4）严禁私自带幼儿离园，造成不良影响和出现安全事故者，责任自负。

（5）严格执行见习幼儿园的规章制度和要求，服从学校和见习幼儿园的管理和安排。

（6）禁止在见习的幼儿园内嬉戏打闹。

（7）在幼儿园每天的工作时间段内，手机一律调为静音或关机。

（8）注意个人卫生、幼儿园环境卫生，不得乱扔垃圾。

（9）注意饮食、交通、人身、财产等方面的安全。上下班时同学间应结伴而行，不得驾驶机动车上下班，不得到 KTV、网吧等场所活动，不得与跟见习工作无关的人员闲耍等。

五、旅游专业

旅游专业分为校内实训和校外实训。校内实训需要注意实训环节（水果拼盘、调酒、餐饮摆台和客房服务）实训耗材是否新鲜，实训室内水电是否安全等。

1. 实习前的安全教育

（1）学生参加校内外实习教学活动时，要始终坚持“安全第一”的原则。

（2）召开学生校内外实习安全教育会议（重点进行人身财物安全、交通安全，严禁从事一切非法活动教育），引起学生高度重视，提高认识。

（3）带队教师、班主任要针对即将参加校外实习的学生，开展校外实习的安全教育工作。

（4）实习学生要与学校签订实习安全责任书。

（5）学校分管领导、实习单位负责人、实习学生、带队教师、各班主任相互留下通信方式。

2. 实习中的安全事项响应程序

（1）应急识别。

当下列情况发生时，应判定为安全事故、事件，立即启动应急预案，包括：火灾、爆炸、食物中毒、溺水事故、交通事故、自然灾害事故、突发急病、人员走失（失踪）、工伤、破坏设备、打架、野外安全、社会不法分子绑架侮辱学生、各种疫情，以及盗窃、聚众打砸抢等违法犯罪行为等。

（2）事故、事件处置程序。

在现场的学生或发现者应立即向实习单位负责人和带队老师报告，并根据事故的具体情况拨打 120、110、119、112、122 等电话或送医院处理。

辅导员或实习带队教师要在第一时间了解事故具体情况，做好学生思想工作，维持秩序，及时向学校（上级部门）汇报。

六、计算机、电子商务实训安全

计算机、电子商务实训室是为了给学习计算机、电子商务及相关课程的学生提供一个教学的用机环境而建立的。为了保证该实训室的正常使用，要求所有上机人员自觉遵守实训室使用规章。

（1）计算机、电子商务实训室的使用对象为相关课程学习的学生、老师。

（2）教师应在实训课程中，维护教学秩序，教育学生维护实训室内的环境卫生，不得在实训室内吸烟、进食，不得乱扔纸屑。

（3）实训前学生应充分做好准备，认真预习，明确实训目的、内容和步骤。

（4）进入实训室应听从任课教师及管理员的安排，对号入座，不得迟到早退，不得争先恐后，不得擅自调换位置，非实训人员不得擅自进入实训室。

（5）严禁私自拆卸或搬动计算机硬件设备及室内其他设备。

（6）做好用电、防火等安全教育。

第七单元

心理健康篇

第一课　学习危机应对

目前，厌学现象在职业学校已经普遍存在，它是一个较为复杂的心理问题和社会问题。对于正处于青春期的中职学生来说，生理和心理都在迅速发展，再加上网络游戏的影响，一些同学沉迷于网络虚拟游戏世界，丧失学习的动力，导致厌学。

厌学将直接影响学生个体身心的全面发展，厌学程度高会导致学习成绩下降、失去学习的动力和兴趣，严重时还会产生负面情绪、消极的人生态度。学生面对陌生的专业理论与技能训练难免感到束手无策，困难重重，久而久之，感到处处不如别人，产生自卑心理。

2015 级学前教育（二）覃青青　绘

2015 级学前教育（二）覃青青　绘

【案例引入】

（1）电子专业高一学生王某，初中成绩差，学习习惯不好，进入职校以来没有改变，上课就想睡觉，想认真听讲但是听不进去，期末专业实训不合格，文化考试不及格，学习状态差，最后就不想读书了。

（2）计算机专业高二学生罗某，从高一起一直努力学习文化知识和专业知识，但是学习成绩不理想，学习没有成就感，不想读书，但是看到父母充满期望的目光，心里就会感觉很难过。听到别人说读职校是浪费时间和金钱，心里就觉得很害怕：自己三年后会是什么样子的呢？目前的状态也不好，很想努力学习，但一拿起书本就感到厌烦，学不进去，不看书又会觉得浪费时间。

2015级学前教育（二）覃青青　绘

【案例解析】

（1）案例中的学习问题很大部分是因为学生在初中阶段的学习落后，进入职业学校学习后也体会不到学习的成就感，学习的动机不强，效率不高，在班集体也找不到自身的存在感。

（2）学习动机是推动学生进行学习的一种动力，分为内部动机和外部动机。学生罗某有很强的外部动机，因为父母的期望而学习，但内部动机才是刺激个体去努力学习的最大动力。罗某没有去发现自己内心的需求，从而失去了学习的动力和兴趣，在学习中容易放弃各种应有的尝试和努力，学习的动力就会越来越小。

【安全应对】

（1）自我肯定。在学习方面有自信心是提高学习效率的重要方法。可以将自我肯定的话语写下来，每天早晨起床后、晚上睡觉前大声朗读并自我肯定。长期坚持练习，可以提升自己的自信。

（2）学习方法。掌握科学的学习方法可以让自己的学习效率事半功倍。一般的学习方法包括：制订计划—课前预习—专心上课—及时复习—解决疑难—系统小结。找到适合自己的学习方法，让学习变得轻松、快乐。

（3）学习动机。正确认识学习动机和学习效率的关系。心理学的研究告诉我们，适中的学习动机能使学习效率达到最高水平，学习动机不足或者学习动机过强都会导致学习效率降低。

（4）调节注意。学习时的注意多是有意注意，需要有意识地调节和维持，才能使之集中在学习活动中。调节注意的技巧：学习的时候使自己处于较为平静和清醒的状态；注意听别人说话，学会概括。

【心理自测】

你的学习压力大吗？下面有个简单的测试，你可以根据最近一个月的生活情形来回答下面的问题，然后将得分与后面的结论相对照。（是：1 分；否：0 分）

（1）你觉得功课和作业太多无法应付吗？

（2）你经常和同学有不同意见或常与父母争吵吗？

（3）晚上上床后觉得思潮起伏，牵挂很多事情难以入睡，经常失眠吗？

（4）你觉得自己对生活中的很多事情都无能为力吗？

（5）有许多人经常干扰你或激怒你使你不耐烦吗？

（6）你发现在学习时要集中精力有困难吗？

（7）有人说你最近情绪低落气色不大好吗？

（8）你最近是否不止一次生病？

（9）你最近是否有因为紧张而头痛、恶心想吐、头晕的感觉？经常感到胃不舒服？

（10）你总是在匆匆忙忙赶时间吗？

结论：得分 1～2 分：表示你很轻松，几乎没有压力；得分 3～7 分：表示有明显压力，需要好好调适；8 分以上：表示你的压力较重，建议找心理老师咨询。

第二课　人际关系危机应对

人类的生存和发展离不开社会群体生活，人们总是在不断的社会交往活动中从事各种工作、生活和学习。良好、健康的人际交往活动使生活充满生机，让人感到心情愉悦，充满正能量。消极、悲观的人际关系给人带来烦恼和痛苦。

15—18 岁正处于青春期，人际关系危机主要体现在父母之间、师生之间以及同学之间：对父母的管教方式不满，逆反心理严重；对学校老师教育管理方式不满，认为老师的管理方式过于严厉，对老师有抗拒心理；同伴关系紧张，在某一些观点上存在认识偏差，出现排挤、离群等现象。学生通过与身边的各种社会角色的人际交往，可以交流思想，学会与人交往的技巧，不断完善自己的人格和提高自身的素养；而那些孤僻、多疑、嫉妒、以自我为中心的同学，往往会有更多的烦恼和难以化解的人际冲突，因此也会逐渐形成不健康的心理，从而影响学习和生活。

2015 级学前教育（二）覃青青　绘

2015 级学前教育（二）陈晓梅　绘

【案例引入】

（1）电商专业学生张某，性格外向，学习成绩不错，乐于帮助同学。但最近因为言语上的一些问题，周围的同学开始疏远她，向她请教学习问题的同学也越来越少了，她开始苦恼，也不明白自己到底做错了什么。

（2）计算机专业学生刘某，周末约好跟同学外出。出门前，母亲询问他与哪位同学外出，并叮嘱路上注意安全，按时回家。刘某觉得很不耐烦，认为母亲管束太多，像是时刻在监视他一样，话语中就跟母亲争吵起来，最终赌气也没有和同学外出。

（3）电子技术专业学生唐某最不喜欢的就是电子技术专业课。因为之前在课上帮同学传递纸条，受到老师批评，所以他很不喜欢电子技术老师，并且经常在课下嘲笑电子技术老师的穿着打扮，在校园里遇到老师也是假装看不见。结果，唐某的专业成绩越来越差，最后导致他对专业课也越来越没有兴趣。

【案例解析】

（1）处于青春期的同学社会交往倾向更加突出，虽然渴望和同学们交往，但是又不懂得怎样交往，这个阶段往往会排斥他人的价值观念而树立自己的自我认同感。如果长期以自我为中心的人际交往，不懂得相处之道、沟通的方式方法，在人际交往上往往会出现困惑，甚至因为人际关系处理不当而影响学习。

（2）青春期也正处在“心理断乳期”，这个时期的学生，最主要的表现是独立活动的愿望变得越来越强烈，但由于缺乏生活经验他们不能正确理解自尊，只是强烈要求别人把自己看作成人。如果这时家长还把他们当孩子来看待，他们就会厌烦，就会觉得自尊心心受到了伤害，就会产生反抗的心理，萌发对立的情绪。

（3）处于青春期的学生随着智力的发展和自我意识的增强，开始独立思考，渴望得到老师的理解和尊重。若老师不能满足他们的需要，或老师误解了他们，他们就会产生抵触情绪或反抗行为，师生之间会产生矛盾与冲突。若处理不好，也会影响学生的学习。

【安全应对】

（1）学会倾听。在倾听中需要注意的细节：保持适当的目光接触；适当的面部表情和点头呼应；不要做小动作，避免分心；可以使用提问和复述他人的话语等方式。

（2）学会沟通。在人际关系中需要注意沟通的细节：坦白讲出内心的感受；不批评、不责备、不抱怨、不攻击；互相尊重；不恶言相向；理性的状态下沟通。

（3）学会换位思考。换位思考，就是放到对方的位置，站在对方的角度来考虑问题。换一个角度看问题，往往能够带来新鲜的感觉，带来另一种分析结果，甚至改变自己的思维和判断，让自己的工作、生活充满活力。

（4）学会感恩。会感恩的人，才懂得珍惜；会珍惜的人，才能够快乐。

【心理自测】

根据自己的实际情况，认真考虑下列问题，从所给备选答案中选出最符合自己的一项。

（1）每到一个新的场合，我对那里原来不认识的人，总是：

A. 能很快记住他们的姓名，并成为朋友

B. 尽管也想记住他们的姓名并成为朋友，但很难做到

C. 喜欢一个人消磨时光，不大想结交朋友，因此不注意他们的姓名

（2）我之所以打算结交朋友的动机是：

A. 我认为朋友能使我生活愉快

B. 朋友们喜欢我

C. 能帮助我解决问题

（3）你和朋友交往时持续的时间多是：

A. 很久，时有来往

B. 有长有短

C. 根据情况变化，不断弃旧更新

（4）你对曾在精神上、物质上诸多方面帮助过你的朋友总是：

A. 感激在心，永世不忘，并时常向朋友提及此事

B. 认为朋友间互相帮助是应该的，不必客气

C. 事过境迁，抛在脑后

（5）在我生活中发生困难或发生不幸的时候：

A. 了解我情况的朋友，几乎都曾安慰、帮助我

B. 只是那些很知己的朋友来安慰、帮助我

C. 几乎没有朋友登门

（6）你和那些气质、性格、生活方式不同的人相处的时候总是：

A. 适应比较慢

B. 几乎很难或不能适应

C. 能很快适应

（7）对那些异性朋友、同事，我：

A. 只是在十分必要的情况下才会接近他们

B. 几乎和他们没有交往

C. 能同他们接近，并正常交往

（8）你对朋友、同事们的劝告、批评总是：

A. 能接受一部分

B. 难以接受

C. 很乐意接受

（9）在对待朋友的生活、工作诸多方面我喜欢：

A. 只赞扬他（她）的优点

B. 只批评他（她）的缺点

C. 因为是朋友所以既要赞扬他的优点，也要指出不足或批评他的缺点

（10）在我情绪不好、工作很忙的时候，朋友请求我帮他（她），我：

A. 找个借口推辞

B. 表现不耐烦，断然拒绝

C. 表示有兴趣，尽力而为

（11）我在穿针引线编制自己的人际网络时，只希望把这些人编入：

A. 上司、有权势者

B. 只要诚实，心地善良

C. 与自己社会地位相同或低于自己的人

（12）当我生活、工作遇到困难的时候，我：

A. 向来不求助于人，即使无能为力也是如此

B. 很少求助于人，只有确实无能为力时才请朋友帮助

C. 事无巨细，都喜欢向朋友求助

（13）你结交朋友的途径通常是：

A. 通过朋友介绍

B. 在各种场合接触中结交朋友

C. 经过较长时间相处了解而结交朋友

（14）如果你的朋友做了一件使你不愉快的事，你：

A. 以牙还牙也回敬一下

B. 宽容，原谅

C. 敬而远之

（15）你对朋友们的隐私总是：

A. 很感兴趣，热心传播

B. 从不关心此类事情，甚至想都没有想过，即使了解也不告诉旁人

C. 有时感兴趣，传播

计分标准：

题号	A	B	C	题号	A	B	C	题号	A	B	C
1	1	3	5	6	3	5	1	11	5	1	3
2	1	3	5	7	3	5	1	12	5	1	3
3	1	3	5	8	3	5	1	13	5	1	3
4	1	3	5	9	3	5	1	14	5	1	3
5	1	3	5	10	3	5	1	15	5	1	3

测验结果：

得分为 15 ~ 29 分：人际交往能力强。

得分为 30 ~ 57 分，人际交往能力一般。

得分为 58 ~ 75 分，人际交往能力较差。

第三课　青春期心理问题危机应对

青春期是人一生中最重要的发展时期和转折时期，是一个人精力最充沛、兴趣最广泛、对人生最富有幻想的时期。15 ~ 18 岁，正处于心理变化最激烈的青春期阶段，良好的情感和情绪是健康心理的主要标志。当前青春期的情感问题主要表现在：① 情感心理趋于稳定，但是容易受到外界的干扰和不良影响；② 感情较为冷淡，缺乏青年的朝气和热情；③ 异性间亲密度增强，容易产生恋爱，但对两性不能正确看待，从而产生性心理问题。

2015 级学前教育（二）周霜　绘

恋爱是青少年生理发育过程中的一种生理、心理的需求。进入青春期后，由于体内性激素的分泌和刺激，性意识在朦胧中产生，性开始趋于成熟，对异性逐步感兴趣，不时产生一股与异性亲近的渴望和需求。开始有了自己的秘密：把日记藏得严严的；偷偷看起爱情小说；有的甚至给异性同学递字条写“情书”“约会”。这些都是正常的异性吸引，根本不是事实上的爱情。从心理学的角度来看，这一时期的“恋爱”实质是一种异性间的倾慕与向往，并非真正意义上的恋爱。

2015 级学前教育（二）周霜　绘

【案例引入】

（1）据新闻报道：2012 年 11 月 28 日，永清县第一中学发生了一件骇人听闻的持刀杀人案件，因几个孩子都喜欢同一个女孩子，最后发生群殴，酿成惨剧。

（2）2015 年 4 月，计算机专业学生李某，因为偶然的机会认识了北京网友张某，两人聊得很投机，视频过几次后，关系迅速升温。同年 6 月，李某私自购买去北京的火车票，准备与网友张某在一起。最终，在火车站被家人和老师劝说回家。

（3）2017 年 12 月，电商专业学生张某对邻桌的女同学产生了好感，买零食总是买两份，晚自习放学护送女生回寝室。期末结束时，张某便兴奋地提出“发展恋爱关系”，该女生却说他“缺心眼”，并让班主任给调换座位。被浇冷水后，张某不但没有冷静下来，反而产生了强迫思维：“她为什么不喜欢我呢？是我对她不够好吗？”天天胡思乱想使他的成绩急剧下降，他整天无精打采。

【案例解析】

（1）青春期的学生在情感发展方面，情绪波动大，好冲动，易转移；在意志力方面，自我控制能力较差。所以不能正确处理在青春期恋爱中出现的包括同性关系或异性关系的问题，“因爱生恨”，结果造成惨剧，害人害己。

（2）由于互联网时代的发展，网络交往应运而生。网恋是恋爱的另一种方式，青春期阶段的学生做事急躁、易冲动，对网络恋情寄予厚望。但如果学生不正确看待和正视网恋，一旦遭受到网恋的打击，必定会影响自己的情绪，并且把这种情绪带到平时的学习与生活中，给心理造成不可磨灭的阴影。

（3）张某产生对异性的向往心理是由于生理上的不断成熟所导致的，这属于正常现象。青少年期间的少男少女正处于钟情、性幻想的朦胧状态，开始对异性注意，愿意与异性交往等。这种心态的变化是由生理和心理的急剧变化引起的，学校的心理健康课程里面也有所涉及，学生加强对相关知识的认识和了解，能促进自身消除心理问题。

【安全应对】

（1）要懂得自尊自爱，尊重异性。男女同学之间的交往，既要相互尊重又要自重自爱；既要开放自己，又要掌握分寸；既要主动热情，又要注意交往的方式、场合、时间和频率。只要我们真诚待人，坦然大方，就一定能获得异性同学的尊重和友情。

（2）正确认识青春期生理、心理发展的特点。学会调节控制情绪冲动，正确认识外在美与内在美的统一，与异性交往保持适度的距离，注意力不要过多地关注自我形象，而要进一步提高自身修养和判断是非的能力。女同学更要注意通过正确的途径寻求科学的性知识（心理健康教育课或科学健康杂志），树立健康文明的性道德观。

（3）适度交往，合理拒绝。把握交往的尺度，自觉约束、规范自己的行为，以高尚的道德来控制冲动，培养自制力。与异性接触时应有意识地控制自己的言行举止，沉着冷静，与异性保持一定的距离。学会合理拒绝异性同学的单独邀请，不便拒绝时你可以提议：约上其他同学，费用实行 AA 制等。

（4）升华自己的情感。爱的本质是彼此的心灵丰润、健康成长与成熟、体现人的尊严与价值。青春时代的特定任务是长身体、学知识、修品德、增本领，使自己走上一条真爱的宽阔的人生之路。若沉浸于狭隘的恋爱之中，则有可能跌进“美丽的陷阱”之中而自毁真爱的前程。

第四课　挫折危机应对

挫折是指人们在某种动机的推动下，在实现目标的过程中，遇到了难以克服或自以为无法克服的障碍或干扰,使其需要或动机不能获得满足时所产生的消极情绪反应。要知道，人的一生不可能事事一帆风顺，青云直上，其间会遭到各种各样的困难和失败。每个人都有自己的远大理想，在追求理想的过程中一定会遇到很多困难，很容易产生挫折感。很多人在遭遇挫折之后心理产生巨大落差，而不能自制和自拔。所以，如何对待挫折，是对每个人的严峻考验。

作为青少年的我们常遇到的挫折和心理感受有：在升学失败后，冷漠退让，放弃人生追求；进入新学校后，不适应新环境；在面对父母离异的问题时出现孤僻、暴躁的心理状态；还有在受到挫折后，自怨、自叹、自恨、自责，更有甚者，还出现轻生的极端行为等。

2015 级学前教育（二）周霜　绘

2015 级学前教育（二）周霜　绘

【案例引入】

（1）刘某，男，18 岁，电商专业学生，父母在其 8 岁时离婚，其后一直随爷爷生活，一直对父母离婚的事情耿耿于怀。他在学校经常打架，不思学习，经常迟到，不按时完成作业，行为习惯也很差，常常以自我为中心，总觉得别人在针对自己。

（2）2015 年，襄阳某中学一名高一女生因为手机被老师收缴，下课后跳楼自杀。所幸，被及时送往医院抢救，性命无碍。

【案例解析】

（1）刘某是因为个人的生活经历重大的改变，心理变化导致行为变化，若不能正确地认识和化解，再次遇到挫折和困难就会产生消极的心理和行为。

（2）涉世不深、从小娇生惯养、生活道路平坦的人，对挫折的承受能力低于饱经风霜、阅历丰富、有过成败苦乐等生活体验的人。

【安全应对】

（1）提高挫折认知水平。“宝剑锋从磨砺出”，挫折是对一个人生命价值的磨砺。它就像一把双刃剑，既可以给人带来痛苦与不幸，也可以使人在与困难做斗争中获得经验和信心。要以客观的态度承认挫折的存在，不要回避它，以积极的心态去面对挫折，只有在承受和克服挫折的努力中，才能发现自身的不足，进而发挥潜能，更加努力地学习完善自我，把挫折变成人生财富。

（2）正视情绪问题。每个人或多或少都有一定的消极情绪，如果你产生了消极情绪，不要去压抑或是掩饰它，要正视自己的情绪。而且，消极情绪也是对我们的提醒，例如，你可能正在为与同学的矛盾而苦恼时，这种苦恼正是在提醒你调整自己的人际交往方式。

（3）学会合理宣泄、疏导。当你心中出现的种种烦闷、苦恼、痛苦等消极情绪无法宣泄时，可以请老师、家长和朋友帮助，把心中的不快、郁闷、困惑等一股劲儿倒出来；也可以进行自我宣泄，放声大哭、运动等都已证明是调节消极心理的好办法。

【心理小测试】

请在下列 10 道题的 A、B、C 三个答案中，选出最适合自己的一项。

（1）有十分令人担心的事时，你会____。

A. 无法工作　　B. 照常工作　　C. 介于二者之间

（2）碰到讨厌的对手时，你会____。

A. 无法应付　　B. 应付自如　　C. 介于两者之间

（3）遇上难题时，你会____。

A. 失去信心　　B. 动脑筋解决问题　　C. 两者之间

（4）当困难落到自己头上时，你会____。

A. 嫌弃和厌恶　　B. 认为是锻炼自己的好机会　　C. 兼而有之

（5）产生自卑感时，你会____。

A. 不想再干工作　　B. 振奋精神去干工作　　C. 介于两者之间

（6）当领导给你很困难的任务时，你会____。

A. 顶回去了事　　B. 想一切办法完成　　C. 介于二者之间

（7）当工作条件恶劣时，你会____。

A. 无法干好工作　　B. 克服困难干好工作　　C. 介于二者之间

（8）工作中感到疲劳时，你会____。

A. 总想着疲劳，脑子不好使

B. 休息一会儿，忘了疲劳

C. 介于两者之间

（9）你对自己的才华和能力的自信程度如何？

A. 不自信　　B. 十分自信　　C. 比较自信

（10）当你面临失败时，你会____。

A. 破罐子破摔　　B. 将失败变为成功　　C. 随机应变

测试评分：

计分标准：选 A 为 0 分，选 B 为 2 分，选 C 为 1 分，将所得分数相加。

17 分及以上：说明你抗挫折能力很强，能抵抗失败和挫折。

10 ~ 16 分：你虽有一定的抗挫折能力，但对某些较大的打击依然难以抗衡，须加强心理素质的锻炼。

9 分及以下：你的抗挫折能力亟待提高，一些细小的挫折就能让你消沉半天。

第八单元

防灾减灾篇

第一课　紧急情况下逃生自救方法

当我们因遭遇地震、大风、暴雨、洪涝等灾害而被困在密闭空间里，比如废墟下、车内、电梯内等，如果我们掌握不同灾难环境下的逃生方法，就能保证我们自身的安全。

一、被困车内逃生技巧

当汽车入水、车内火灾而我们被困车内时，天窗是第一逃生通道。汽车天窗按驱动方式的不同可分为手动式和电动式，前者不受电路影响可以直接手动打开，部分电动天窗也提供应急开闭功能，开启方法要看具体车型的说明书。当汽车入水时，四个车门和车窗受水压影响，极难开启。而天窗由于车仍浮在水面上，不受水压影响，较易打开。如果天窗手动和电动都不能打开，则用逃生锤、头枕等坚硬物体敲碎天窗。

2015 级学前教育（三）卢婧艾　绘

当我们天窗逃生失败，次选仍不是车窗，而是尾厢。一辆车的重量主要集中在车头，车头处是发动机舱，汽车沉入水中的姿态是车头朝下、尾厢朝上。由于尾厢空间大，能较长时间浮在水面上，给逃生留有可能。多数汽车后排能够翻折放倒，尾厢可从内开启。不过，整个操作过程较为繁琐，应该事先进行多次演习。

逃生锤是车内必备的一件逃生工具。逃生锤应该选择大尺寸，一般以能放进驾驶员车门储物格为宜。当遇到紧急情况需要敲碎玻璃逃生时，千万不要拿着逃生锤乱敲一通，这样不仅敲不碎玻璃，还耽误时间。应该找准玻璃的四个角，大约距离窗框 5

厘米处，在这四个区域附近敲击能很快把玻璃敲碎。另外很多公共汽车玻璃上都贴有“紧急时敲碎安全玻璃”字样，用逃生锤敲击这个标示也能快速敲碎玻璃。

二、废墟掩埋逃生技巧

当被困在地下室、下水道或干枯井下时，不要慌张，保持头脑清醒，一般情况下地下建筑物相对比地面建筑安全。我们应当尽可能查找并保护好水源、食品，保持体力，或尽可能收集尿液维生，以防长时间被困。

2015 级学前教育（三）卢婧艾　绘

当被掩埋在建筑物废墟下，要尽可能避开身体上方不结实的倒塌物、易碎物、悬挂物等危险物品，用倒塌的砖石废料、粗壮木料等支撑松动支柱和残垣断壁，以防二次垮塌再被压埋。同时，还应清理身边砖瓦废料等杂物，以扩大活动空间。

要尽量寻找湿毛巾、衣物或其他布料捂住口、鼻和头部，防止灰尘呛闷发生窒息，也可以避免建筑物进一步倒塌造成的伤害。寻找活动空间，向有光亮、透气的地方转移，并设法钻出废墟。如果找不到出路，应设法向外呼救。

不要乱喊乱叫，应尽量保持体力，听到有救援人员到来时再设法进行呼救。如果是几个人同时被压埋时，要互相鼓励，共同计划，团结配合，必要时采取脱险行动。

当处于黑暗废墟时，可通过口水流出口中的去向辨别自己的身体姿态。如果口水离开嘴后仍沿着嘴角留，那我们的姿态是侧卧，如果口水不能沿嘴角流出而是回咽至喉中，那我们的姿态是仰卧，上面就是天空。通过这个方法我们就可以辨别逃生的方向。

当我们被废墟压着，身体可能会因受到很大的挤压而疼痛，此时不能乱动，不能做前屈、侧弯、扭曲、弯腰、侧弯、扭腰等动作。因为可能你身体某个部位已经骨折或被压碎，这个时候尽量保持身体原样，等待救援，避免给后期医治带来难度或造成瘫痪等。

三、被困电梯自救方法

电梯出故障时应保持冷静，千万不要慌张。并且安慰其他受困者，向大家解释电梯槽有防坠安全装置，它牢牢夹住电梯两旁的钢轨，不会掉下电梯槽，消除大家的慌乱心理。及时利用电梯内的电话、警钟或对讲机、手机等一切可能的救援方式求救，但切忌自行扳动电梯设备。

切忌频繁踢门、拍门。若无警钟、电话或对讲机，手机又没信号，可拍门叫喊或脱下鞋子拍门敲打，发出求救信号。如无人回应，需镇静等待，观察动静。不要不停呼喊，要保持体力，等待营救。

2015 级学前教育（三）卢婧艾　绘

勿强行扒门。被困电梯者无法确认电梯的所在位置，因此不要强行扒门。即使能打开，也未必够得着外门。电梯外壁的油垢还可能使人滑倒，这样会带来新的险情。

切忌从安全窗爬出。电梯顶部均设有安全窗，该安全窗仅供电梯维修人员使用。勿扒撬电梯轿厢上的安全窗，否则从安全窗爬出电梯会更危险。因为出口板一旦打开，安全开关就使电梯刹住不动。若出口板意外关上，电梯会重新开动，在电梯槽里的人则容易失去平衡，被电梯缆索绊倒，或因踩到油垢而滑倒掉下电梯。

最安全的方法是等待救援。如果不能立刻找到电梯技工，可请外面的人打电话通知消防员。消防员通常会把电梯绞上或绞下到最接近的一层楼，然后打开门。就算停电，消防员也能用手动器，把电梯绞上绞下。

在深夜或周末下午被困在办公楼或商业大厦的电梯，就有可能几小时甚至更长时间也没有人走近电梯。在这种情况下，最安全的做法是保持镇定，伺机求援。最好能忍受饥渴、闷热之苦，保住性命，注意倾听外面的动静，如有行人经过，设法引起他的注意；如果不行，就等到上班时间再拍门呼救。

如遇到电梯下坠或电梯冲顶，不论有多少层楼，迅速将所有楼层的按键全部按下。当紧急电源启动时，电梯可马上停止继续下坠。

如果电梯里有把手，一只手紧握把手，这样可固定人所在的位置，使人不至于因重心不稳而摔伤。

飞坠时蹲地背贴内墙，电梯下坠时要使整个背部跟头部紧贴电梯内墙，呈一直线。因为韧带是人体唯一富含弹性的一个组织，比骨头能承受的压力更大，所以借用膝盖弯曲来承受重击压力。

四、身体着火自救方法

2015 级学前教育（三）卢婧艾　绘

当我们身体着火时，千万不能奔跑，应就地打滚，因为火苗迎风会越燃越大。根据情况我们应该迅速将着火的衣服撕裂脱下，浸入水中，或掼，或踩，或用灭火器、水扑灭，但应注意，不宜用灭火器直接往人身上喷射。

如果附近有水池、河流、江湖等，可迅速跳入浅水中。但如果烧伤面积太大或程度较深，则不能跳入水中，防止细菌感染或其他不测。如果有两个以上的人在场，未着火的人要镇定，立即用随手可以拿到的麻袋、衣服、扫帚等朝着火人身上的火点覆盖、扑、掼或帮助撕下衣服，或用湿麻袋、毛毯把着火人包裹起来。

五、求救信号常识

当我们被困大海、森林、沙漠等这些人烟稀少的地方时，发出求救信号寻求帮助是我们需要掌握的一项基本逃生技能。

（1）烟信号。白天可以用烟来吸引注意力，国际通用的受困信号是三柱烟，烟的颜色要和背景有区别。如果背景是天空、海水、沙漠等浅色背景，生烟的火里应该加上橡胶、碎布等使烟呈黑色；如果背景是森林、大山、孤岛等深色背景，生烟的火里应该加上绿色的树叶、苔藓或者浇一点水使烟呈白色。

（2）反光镜或闪光物。在天气晴朗、阳光强烈的白天，镜子也是我们的求救物品。如果没有镜子，可以用手表或磨光衣服上挂饰、皮带扣等类似物体，使之可以反射阳光，并将反光集中于一处。当然，我们在平时就应该练习使用闪光物来发求救信号。

（3）火信号。在晚上或黑暗中，火是最有效的求救信号。生三堆火，使之围成三角形(国际通用的受困信号)。只要时间和形势允许，尽快把火堆生起来，小心看护不要使它们熄灭。

（4）手电筒或闪光灯。晚上你还可以使用手电筒或闪光灯向飞机发出求救信号，国际通用的求救信号是SOS，即三长三短，不断地循环。

2015级学前教育（三）卢婧艾　绘

坚定信念抢时间，路线清楚速度快；
团结友爱互帮助，舍己救人扬精神。

第二课　自然灾害危机应对

自然灾害是由于自然异常变化或人为影响而造成的地质破坏、资源损失、生命伤亡、财产损失等现象。它一般包括地震、火山、泥石流、滑坡、洪涝、大风、高温、雪灾、暴雨、雷电等。近年来，由于人类对环境的急剧破坏和其他人为因素，还出现了城市内涝、雾霾等新型灾害。我国国土面积大，幅员辽阔，自然灾害种类多，发生率高。根据国家民政部和国家减灾办数据，2017 年各类自然灾害共造成全国 1.4 亿人次受灾，881 人死亡，98 人失踪，525.3 万人次紧急转移安置，170.2 万人次需紧急生活救助；15.3 万间房屋倒塌，31.2 万间严重损坏，126.7 万间一般损坏；农作物受灾面积 18 478.1 千公顷，其中绝收 1826.7 千公顷；直接经济损失 3018.7 亿元。

自然灾害通常是剧烈的，破坏力极大。虽然人类无法预测和阻止自然灾害，但是我们应该积极了解和学习各种自然灾害发生的规律和特征，采取相应的预防措施，减轻其带来的危害和损失。本章介绍几种常见自然灾害的安全应对，有助于同学们加强对自然灾害的防范意识，掌握一些逃生技能，提高应对灾害的各种能力。

一、地震灾害

地震是破坏性最强的自然灾害之一。地震一般具有时间短、来势凶、破坏大、波及范围广、引发次生灾害多等特点。我国位于世界两大地震带——环太平洋地震带与欧亚地震带之间，受太平洋板块、印度板块和菲律宾海板块的挤压，地震断裂带十分活跃。

【案例导入】

汶川大地震，发生于北京时间 2008 年 5 月 12 日 14 时 28 分，震中位于中国四川省阿坝藏族羌族自治州汶川县境内。根据中国地震局以及百度百科的数据，此次地震的面波震级达 8 级、烈度达到 11 度，地震波及大半个中国及多个亚洲国家，几十万人死伤，直接经济损失达八千多亿元，是中华人民共和国成立以来影响最大的一次地震。在离震中不远的绵阳安县桑枣中学，全校 90 多位教师、2200 名学生在地震发生时仅用时 1 分 36 秒全部冲到操场，全校师生无一伤亡。

【案例解析】

此次汶川大地震破坏性极大，波及范围广，给国家和人民带来了巨大的财产和生命损失。但是绵阳安县桑枣中学除了学校建筑物损坏，却无一人伤亡。据悉，该校建筑面积小，学生人数多，最开始是考虑火灾逃生，让师生掌握逃生方法和路线，因此长期坚持逃生演练，没想到地震来临时，这些平时的训练和付出挽救了众多生命。

2015 级学前教育（三）廖可儿　绘

【安全应对】

当我们正在教室上课，突然发生地震，我们要沉着冷静，不要乱跑，应躲进课桌下，尽量蜷曲身体，降低身体重心，头靠近胸腹部，抓住桌腿等牢固的物体，尽量保护头颈、眼睛、掩住口鼻。地震停止后，我们应当在老师指挥下马上有序撤离，撤离时把书包顶在头上，前后同学要保持一定距离，特别在教室门口、楼梯间等狭促地方，一定要放慢速度，发现有摔倒的同学要相互帮助，并及时通知后面的同学以免发生拥挤。跑到室外后，一定要在空旷开阔、周围和头顶没有易掉落物的地方。

2015 级学前教育（三）廖可儿　绘

如果我们在操场或室外时，可原地蹲下，双手保护头部，注意避开高大建筑物、危险物、易落物等，千万不要因拿某些东西回到教室去。

地震来临时，当我们在室内时，千万不要慌乱外逃，不要到窗边或阳台上，更不要往楼下跳，我们应保持冷静，立即蹲下蜷缩身体，头尽量向胸靠拢，一手捂口鼻，另一手抓住一个固定的物品，避开吊灯、风扇等悬挂物，迅速靠近厨房、卫生间等开间小的地方或内墙角等牢固地点躲避。若房屋倒塌，这些开间小的地方往往会形成“安全岛”（即大块倒塌体与支撑物构成的空间），“安全岛”是人们在地震后得以幸存的相对安全的避震空间。

发生地震时，如果你在水域附近，应该迅速向陆地方向撤离，躲避由地震引发的洪水、海啸。

地震来临时，如果你在加油站、加气站、化工厂或易燃易爆设施附近，应该迅速向逆风方向转移。如果发现有害气体泄漏，要用湿衣服或毛巾捂住口鼻，迅速转移至安全地方。

假如在搭乘电梯时遇到地震，将电梯操作盘上的每层楼的按钮全部按下，一旦停止，迅速离开电梯，撤退到安全区域。

地震期间，不听信谣言，不乱传播谣言，要及时与身边邻居、朋友、同学等沟通交流，互相安慰和自救。

二、泥石流山洪灾害

泥石流是指在山区沟谷中，由于暴雨、冰雪融水等水源激发的含有大量的泥沙、石块的特殊洪流。在一些山区，较长的强降雨往往容易引发泥石流。泥石流常与山洪相伴，其来势凶猛，在很短时间内，大量泥石伴着洪水横冲直撞，冲出沟外，所到之处成为一片泥石海洋，掩埋房屋、庄稼、人畜等，摧毁各种设施，冲毁道路，堵塞河道，甚至淤埋村庄、城镇，给生命财产和经济建设造成极大的危害。

2015级学前教育（三）廖可儿　绘

【安全应对】

当我们在山洪、泥石流多发地区时，要时刻注意暴雨预警预报，选好躲避路线，留心观察周边环境，特别警惕远处传来的土石崩落、洪水咆哮等异常声响，积极做好防范山洪泥石流的准备。

一旦遭遇大雨、暴雨等天气情况，要迅速转移到安全的高地，不要在低洼的谷底或者陡峻的山坡下躲避和停留。

发现山洪、泥石流袭来时，千万不要顺沟方向往上游或者下游跑，应向与泥石流方向垂直的两边山坡上面爬，且不要停留在凹坡处，更不能在山洪泥石流中横渡。

三、山体滑坡灾害

2015 级学前教育（三）廖可儿　绘

山体滑坡是指山体斜坡上某一部分岩土在重力（包括岩土本身重力及地下水的动静压力）作用下，沿着一定的软弱结构面（带）产生剪切位移而整体地向斜坡下方移动的作用和现象，是我国山区常见的自然灾害之一。山体滑坡常常会造成房屋、农田、工厂及各类道路交通设施毁坏，有时会直接掩埋整个村庄或城镇，给我们的生命财产带来巨大损失。2017 年 6 月 24 日上午 6 时左右，四川茂县叠溪镇新磨村突发山体高位垮塌，造成河道堵塞 2 公里，100 余人被掩埋。面对这种突发性强、破坏性大的滑坡，每个人都要有居安思危的意识，掌握一些必要的逃生方法。

【安全应对】

山体滑坡时，应保持冷静，不能慌乱，要迅速环顾四周，向较安全的地段撤离。一般除高速滑坡外，只要行动迅速，都有可能逃离危险区段。

跑离滑坡时，滑坡垂直方向两侧为最佳方向，向上或向下跑都是很危险的。

当遇无法跑离的高速滑坡时，更不能慌乱，如滑坡呈整体滑动时，原地不动，或抱住大树等物，应注意保护好头部，可利用身边的衣物裹住头部。

四、城市内涝灾害

城市内涝是指由于强降水或连续性降水超过城市排水能力致使城市内产生积水灾害的现象，是现代城市灾害的一种。城市内涝会造成交通瘫痪、生产停滞、物品腐蚀等灾害，给人民生命财产带来安全隐患。

2015 级学前教育（三）廖可儿　绘

【安全应对】

如果遇到暴雨天气，不要在立交桥、下穿隧道、地下商场等城市低洼处活动，不要在积水严重且不熟悉的路面上行走。

如果遇到洪水淹没汽车时，请立即弃车逃离，迅速往高处转移。

下大暴雨时，排水管可能从明流变成有压流，容易把井盖顶开，此时水面会形成强力旋涡，我们应注意路面情况。

强降雨期间，电线杆可能会漏电，使得我们周围水体带电，若脚下发麻，应立刻止步后退。若看见有人触电倒入水中，不要无绝缘防护就进入水中救人，可以找带钩的长杆将其拉到安全区域，并进行救护。

内涝过后应注意防病，避免饮用未煮沸的生水，及时对自己的生活、学习和工作环境进行消毒。（来源：国家防灾网）

五、暴雨灾害

根据我国气象部门的规定，24 小时降水量达到 50 毫米或以上的强降雨称为暴雨，它是一种极端灾害性天气。暴雨往往会造成洪涝灾害、水土流失、工程失事、堤防溃决和农作物掩埋等重大灾害。

2015 级学前教育（三）廖可儿　绘

【安全应对】

暴雨来临前，检查房屋是否是危旧房屋或处于地势低洼的地方，根据情况及时转移。

暂停一切室外活动，检查电路、炉火等设施是否安全，关闭电源总开关，关闭天然气阀，拔出网线插头等。

提前收盖露天晾晒物品，收拾家中贵重物品放置于高处。

暴雨来临时，如果正在户外，切勿靠近老旧或易倒塌建筑物，远离电线、高压线，勿在大树、广告牌下躲避，应该立即到安全室内或山洞暂避。

六、雷电灾害

雷电是伴有闪电和雷鸣的一种云层放电现象。雷电灾害是一种十分严重的自然灾害，常常会导致人员伤亡，也可能导致供配电系统、通信设备、民用电器损坏，引起森林火灾，仓储、炼油厂等燃烧甚至爆炸，造成重大的经济损失和不良社会影响。

2015 级学前教育（三）廖可儿 绘

【安全应对】

在雷雨天来临时，不要靠近高压变电室、高压电线和孤立的高楼、烟囱、电杆、大树、旗杆等，更不要站在空旷的高地上或在大树下躲雨。

遭遇雷雨时，严禁在山顶或者高丘地带停留，也不要行走或站立在空旷的田野里。

在暴雨雷电发生时，不能使用座机、手机，不能用有金属立柱的雨伞，不要触摸和接近避雷装置的接地导线，应立即关掉手机、室内的电视机、电脑、音响、空调机等电器，以避免产生导电。

雷电时，在房间的正中央较为安全，切忌停留在电灯正下面，忌依靠柱子、墙壁、门窗，以避免在打雷时产生感应电而致意外。

七、大风灾害

一般风力达到 8 级以上，风速大于每秒 17 米时，称为大风。大风可摧毁建筑物、大树等，造成人员伤亡和财产损失。

2015 级学前教育（三）廖可儿 绘

【安全应对】

大风来临前，做好自身安全防范措施，关好门窗、电源等，妥善安置易受大风影响的室外物品。

大风天气尽量不要外出，如必须外出时，少在高层楼之间骑车或步行通过，因为高层楼之间很容易形成窄管效应，给出行带来危险。

不要在广告牌下面逗留，因为体积较大的广告牌匾在风力较大时，很有可能瞬间倒塌。风大时一定要留意并远离周围的树木，有可能会出现树根或树枝断裂导致砸伤。

八、高温灾害

中国气象学上，气温在 35 °C 以上时可称为“高温天气”。高温是一种灾害性天气，会对人们的工作、生活和身体产生不良影响，容易使人疲劳、烦躁和发怒，各类事故相对增多，甚至犯罪率也会上升。同时，高温天气会引起人类各种身体不适和疾病，如热伤风（夏季感冒）、腹泻、皮肤过敏以及中暑，另外高温天气易诱发心脑血管疾病导致死亡。

2015 级学前教育（三）廖可儿　绘

【安全应对】

白天尽量避免或减少户外活动，尤其是上午十点至下午四点之间尽量不要在烈日下外出运动和劳动。

室外劳动时应戴上遮阳帽，穿浅色衣服，并且应备有饮用水和防暑药品，如感到头晕不适应立即停止劳动，到阴凉处休息。

2015 级学前教育（二）陈晓梅　绘

浑身大汗时，不宜立即用冷水洗澡，应先擦干汗水，稍事休息后再用温水洗澡。

空调温度应控制在 26 °C ~ 28 °C，室内外温差不要超过 8 °C。空调运作时，尽量避免送风口冷风直接吹向头部或长时间对着身体某一部位，还应该定时打开门窗，通风换气。

避免皮肤被蚊虫咬伤、开水烫伤等，预防因气温高、细菌繁殖加快而造成的感染。

注意饮食卫生。要多饮水，以温淡盐开水或茶水为主，兼食瓜果和新鲜蔬菜。

九、雾霾灾害

雾霾天气是一种大气污染状态，是一种新型自然天气灾害。雾霾其实是对大气中各种悬浮颗粒物含量超标的表述，尤其是 $PM_{2.5}$（空气动力学直径小于等于 2.5 微米的颗粒物）被认为是造成雾霾天气的“元凶”。雾霾天气导致近地层紫外线减弱，使空气中的传染性病菌活性增强，传染病增多，它会影响人类的呼吸系统、心血管系统、生殖能力，不利于人体健康。

【安全应对】

雾霾天气出行一定要戴口罩，尤其是抵抗能力差的老人、儿童和患有呼吸系统、心脑血管疾病的人。

2015 级学前教育（三）廖可儿 绘

雾霾天气不能佩戴隐形眼镜。隐形眼镜容易使眼角膜缺氧。而在雾霾天气，气压低，会使眼角膜缺氧加重，眼睛干涩不舒服，空气中的微小污染物会刺激眼睛，导致眼部过敏或感染。

雾霾天气应随身携带湿纸巾。大气中颗粒物吸附的病菌和有害物质会粘在皮肤上引起过敏，我们可以随时用湿纸巾进行清洁。

多喝水，保持呼吸道湿润，尽量用鼻子呼吸。研究发现，大于 10 微米以上的颗粒物，鼻毛能阻挡 95%。外出回家后，应及时洗脸、漱口、清洁鼻腔。

参考文献

[1] 曾宁波. 中职入学教育[M]. 北京：外语教学与研究出版社，2014.
[2] 罗京宁. 安全教育读本[M]. 北京：电子工业出版社，2009.
[3] 李歌云，汤习成. 校园安全[M]. 北京：中国劳动社会保障出版社，2008.
[4] 王兴中. 创建平安校园安全教育读本[M]. 2版. 北京：北京理工大学出版社，2013.
[5] 程志鹤. 中小学生防灾减灾应急手册[M]. 北京：人民日报出版社，2014.
[6] 人民教育出版社，课程教材研究所，职业教育课程教材研究开发中心. 心理健康[M]. 北京：人民教育出版社，2009.
[7] 钟志农，刘鹏志，周波. 高中生心理辅导案例解析[M]. 上海：华东师范大学出版社，2007.
[8] 尹跃. 中职生安全教育知识读本[M]. 北京：北京邮电大学出版社，2008.
[9] 胡德刚，周慧娟，谭世杰. 中职生安全教育[M]. 北京：清华大学出版社，2016.
[10] 张立才，黄学. 学生安全教育读本[M]. 北京：高等教育出版社，2015.